法務初任者のための
M&A入門

TMI総合法律事務所・パートナー弁護士
十市 崇・工藤 竜之進〔編著〕

中央経済社

M&Aブックレットシリーズについて

　私は約30年間M&Aの世界に身を置いている。
　この間、国内外のさまざまな企業による多くの実例が積み上がり、今では連日のようにM&Aに関連する報道が飛び交っている。一方で、「M&Aってどんなこと？」と敷居の高さを感じる方も多いのではないだろうか。
　本シリーズはこの現状に一石を投じ、学生や新社会人からM&A業務の担当者、さらにアドバイスする側の専門家など、M&Aに関心のあるすべての方々にご活用いただくことを念頭に、「M&Aの民主化」を試みるものである。

　本シリーズの特徴は、第一に、読者が最も関心のある事項に取り組みやすいよう各巻を100ページ前後の分量に「小分け」にして、M&A全般を網羅している。第二に、理解度や経験値に応じて活用できるよう、概論・初級・中級・上級というレベル分けを施した。第三に、多岐にわたるM&Aのトピックを、プロセスの段階や深度、また対象国別など、テーマごとに1冊で完結させた。そして、この"レベル感"と"テーマ"をそれぞれ縦軸と横軸として、必要なテーマに簡単にたどり着けるよう工夫をこらしてある。

　本シリーズには、足掛け5年という構想と企画の時間を費やした。発刊に漕ぎ着けたのは、ひとえに事務局メンバーの岩崎敦さん、平井涼真さん、堀江大介さんのご尽力あってこそである。加えて、構想段階から"同志"としてお付き合いいただいた中央経済社の杉原茂樹さんと和田豊さんには、厚く御礼申し上げる。
　本シリーズがM&Aに取り組むさまざまな方々のお手元に届き、その課題解決の一助になることを願ってやまない。

シリーズ監修者　福谷尚久

はじめに

　本書は、M&Aの実務に携わる法務初任者に対して、M&Aの法務に関する基本的な内容を理解してもらうことを想定し、M&A取引において実務的に問題となる法的事項を幅広く紹介している。「法務初任者のためのM&A入門」というタイトルではあるが、初めてM&A取引に携わる法務担当者のみならず、学生や新社会人、法務以外の立場からM&Aに携わる企業の担当者、その他M&Aの法務に関する基本的な内容を把握したいと考える方々にとって役立つ内容となるよう、過度に専門的な内容や議論には立ち入らずに、基礎的な内容を中心に取り上げた。そのため、本書を読めば、M&Aを担当した際に直面する法的な問題点の概要を一通り把握できるようになっている。

　主として日本におけるM&Aの実務において、法務面の検討が必要となる代表的な場面は、ストラクチャーの検討、法務デューデリジェンスの実施、M&Aにおいて締結する契約の作成および交渉、ならびにM&Aに適法される法規制の検討である。この点をふまえ、本書では各章において以下の内容を解説している。

　第１章では、M&Aの一般的なプロセスについて概説するとともに、法務担当者が自らの役割を把握できるよう、法務担当者が主に担当する事項について説明している。なお、海外企業を当事者とする、いわゆるクロスボーダーM&Aについては、日本国内のM&Aとは異なる留意点があるため、クロスボーダーM&Aの法的な留意点についても紹介している。

　第２章では、日本国内のM&Aを前提として、M&Aの代表的なストラクチャーについて図表を用いて紹介するとともに、ストラクチャー選択の基本的な考え方を解説している。

　第３章では、法務デューデリジェンスを取り上げ、その目的や一般的なプロセスについて説明するとともに、法務デューデリジェンスにおいて調査対象とする主な項目と、各項目の調査における実務的な留意点について説明している。

　第４章では、M&Aにおいて締結される契約について、M&Aのプロセスに沿って、代表的な契約の概要を解説するとともに、実務において最もよく利用される

株式譲渡契約を例にあげて、具体的な規定内容を紹介している。また、M&A契約の内容を検討するにあたり、買主にとって重要なポイントとなる、デューデリジェンスで発見された事項への対応方法について、その考え方のポイントを解説している。

第5章では、日本国内のM&Aを前提として、M&Aに適用される法規制を紹介している。M&Aに適用される法令は多岐にわたるが、その中でも代表的なものを複数取り上げて、実務的な観点から検討する機会の多い規制について説明している。

冒頭に記載したとおり、本書は、法務初任者向けに基礎的な内容を説明することを主眼としているが、各章において設けたcolumnでは、M&Aの実務に携わる中で問題となることが多い、やや踏み込んだ内容についても触れることとした。

本書が、法務初任者がM&Aを担当するにあたって最初に手に取るべき一冊となれば幸いである。

TMI総合法律事務所
パートナー弁護士　十市　崇
パートナー弁護士　工藤竜之進

目次

はじめに　3

第1章　M&Aプロセスの概要

1　M&Aとは ……………………………………………………………… 12
2　一般的なM&Aのフロー ……………………………………………… 12
　（1）M&Aにおける手続 ……………………………………………… 12
　　　①全体像　12
　　　②M&Aの登場人物　13
　（2）選定段階 ………………………………………………………… 13
　　　①M&A戦略の策定　13
　　　②候補者選定　14
　（3）交渉段階 ………………………………………………………… 14
　　　①アプローチ　14
　　　②初期分析（企業価値算定／ストラクチャー検討）　14
　　　③基本合意書　15
　　　④デューデリジェンス　15
　（4）実行段階 ………………………………………………………… 16
　　　①最終契約書の締結　16
　　　②クロージング　16
　　　③PMI　17
3　法務担当者の役割 …………………………………………………… 17
4　クロスボーダーM&A ………………………………………………… 18
　　Column　M&Aと取締役の責任　18

第2章　ストラクチャー

1　M&Aのストラクチャーの類型 ……………………………………… 22
　（1）株式の取得 ……………………………………………………… 22
　　　①株式譲渡　22
　　　②株式交換　23
　　　③株式交付　24

5

　　　　④第三者割当による募集株式の発行等　26
　　(2) 事業の取得 …………………………………………………………………… 27
　　　　①会社分割　27
　　　　②事業譲渡　28
　　　　③吸収合併　29
　　(3) 統　合 ………………………………………………………………………… 29
　　　　①合　併　29
　　　　②共同株式移転　31
　　(4) 複数の手法の組み合わせ …………………………………………………… 32
　2　ストラクチャー選択の考え方 ……………………………………………… 34
　　(1) ストラクチャー選択のポイント …………………………………………… 34
　　(2) 取得の対象（株式の取得／事業の取得）………………………………… 35
　　(3) 取得の範囲（全部買収／一部買収）……………………………………… 35
　　(4) 対価（現金対価／株対価）………………………………………………… 35
　　　　①買主側の視点　36
　　　　②売主側の視点　36
　　　Column　会社分割と事業譲渡の比較　36
　　(5) 手続面での負担 ……………………………………………………………… 37

第3章　法務デューデリジェンス

　1　法務デューデリジェンスの概要 …………………………………………… 40
　　(1) 法務デューデリジェンスとは ……………………………………………… 40
　　(2) 法務デューデリジェンスの目的 …………………………………………… 40
　　　　①M&A実行可否の判断　40
　　　　②対価に影響を及ぼす事項の確認　41
　　　　③M&A契約において対応すべき事項の確認　41
　　　　④M&A実行後に対応すべき事項の確認　41
　　(3) 法務デューデリジェンスのプロセス ……………………………………… 42
　　　　①基礎的な資料の確認　42
　　　　②資料依頼、資料開示　42
　　　Column　法務DDの調査範囲　42

　　　　③Q&A・追加資料依頼、インタビュー　43
　　　　④法務DDの結果報告　44
　2　法務デューデリジェンスの主な調査項目 ……………………………… 45
　　(1)　組　　織 …………………………………………………………………… 45
　　　　①定款や商業登記の内容　45
　　　　②株主総会、取締役会の運営　45
　　　　③グループ会社との関係　46
　　　　Column　スタンド・アローン問題　46
　　(2)　株　　式 …………………………………………………………………… 47
　　　　①株式・新株予約権の発行の有効性　47
　　　　②株式・新株予約権の内容　48
　　　　③株式の帰属　48
　　　　④株主間契約　48
　　(3)　役　　員 …………………………………………………………………… 49
　　　　①役員構成　49
　　　　②役員報酬　49
　　　　③役員に対する経済的利益の提供　49
　　(4)　事　　業 …………………………………………………………………… 49
　　　　①契約書の有無　50
　　　　②取引の継続性　50
　　　　③事業運営に制約を与える条項　50
　　　　④対象会社にとって不利な条項　50
　　(5)　許認可・コンプライアンス ……………………………………………… 51
　　　　①許認可の取得状況の確認　51
　　　　②許認可を受けている事業者の義務の遵守状況の確認　51
　　　　③M&A実施後の許認可の維持　51
　　　　④コンプライアンス体制　52
　　　　⑤個別の法令などの遵守状況　52
　　(6)　資産・負債 ………………………………………………………………… 52
　　　　①所有不動産　52
　　　　②賃借不動産　53
　　　　③動　　産　53

7

　　　　　④その他の資産　53

　　　　　⑤借入れの状況　53

　　　　　⑥保証・担保　54

　　　　　⑦保　険　54

　　（7）知的財産 …………………………………………………………………… 54

　　　　　①保有知的財産　54

　　　　　②ライセンス契約　54

　　　　　③第三者の知的財産権の侵害の有無　55

　　（8）人事労務 …………………………………………………………………… 55

　　　　　①労働関連の法令などの遵守状況　55

　　　　　②未払賃金　55

　　　　　③労働組合の状況　56

　　　　　④労働災害・従業員との紛争　56

　　（9）訴訟・紛争 ………………………………………………………………… 56

　　（10）環　境 ……………………………………………………………………… 56

第4章　M&Aの契約

1　M&A契約の種類 …………………………………………………………… 58

　　（1）交渉段階における契約 …………………………………………………… 58

　　　　　①秘密保持契約　58

　　　　　Column　基本合意書の法的拘束力と適時開示　58

　　　　　②基本合意書　59

　　（2）最終契約書 ………………………………………………………………… 60

2　最終契約書の具体的内容 ………………………………………………… 61

　　（1）主な規定事項等 …………………………………………………………… 61

　　（2）対　価 ……………………………………………………………………… 62

　　（3）クロージング ……………………………………………………………… 62

　　（4）前提条件 …………………………………………………………………… 63

　　（5）表明保証 …………………………………………………………………… 63

　　　　　Column　表明保証違反の認識が与える影響　64

　　（6）誓約事項 …………………………………………………………………… 66

8

　　　　①クロージング前の誓約事項　66
　　　　②クロージング後の誓約事項　67
　　（7）補　償 ……………………………………………………………………… 67
　　（8）契約の解除 …………………………………………………………………… 68
　　　Column　通常補償と特別補償　68
　　（9）その他の一般条項 ………………………………………………………… 69
　3　デューデリジェンスで発見された事項への対応 ……………………… 69
　　（1）DDでの発見事項への対応の必要性 …………………………………… 69
　　（2）対応方法の分類 …………………………………………………………… 69
　　（3）DDで発見されるリスクの分類 ………………………………………… 70

第5章　M&Aに関する法規制

　1　M&Aに適用される法律 ……………………………………………………… 74
　2　個別の適用法令 ……………………………………………………………… 74
　　（1）会社法 ……………………………………………………………………… 74
　　　　①株式譲渡に適用される規制　74
　　　　②募集株式の発行等に適用される規制　75
　　　　③組織再編行為等に適用される規制　76
　　（2）金融商品取引法 …………………………………………………………… 80
　　　　①公開買付規制　80
　　　Column　個別催告の省略　80
　　　　②募集または売出しに関する規制　81
　　　　③インサイダー取引規制　82
　　　　④開示規制　82
　　（3）金融商品取引所の規則 …………………………………………………… 83
　　　　①第三者割当に対する規制　83
　　　　②適時開示　84
　　（4）労働契約承継法 …………………………………………………………… 84
　　（5）独占禁止法 ………………………………………………………………… 85
　　　　①独占禁止法が禁止する企業結合　85
　　　　②公正取引委員会への事前届出　86

Column　ガン・ジャンピング　86
　　　　③海外における企業結合規制　87
　（6）外国為替及び外国貿易法（外為法） ……………………………………… 88
　　　　①事前届出　88
　　　　②海外における外資規制　89

第 1 章
M&Aプロセスの概要

1 M&Aとは

M&A（Mergers and Acquisitions）とは、直訳するとMergers（合併）とAcquisitions（買収）の略語であり、一般的に会社または会社が営む事業の全部または一部の移転をともなう取引をいう。

会社の支配権の移転をともなう取引のみならず、会社の支配権の移転をともなわない会社の発行済株式の50％未満を取得する取引（マイノリティ出資等）や、親会社による子会社の完全子会社化取引などの会社支配権をより強化するために行う企業再編等も、広い意味でのM&Aにふくまれる。

2 一般的なM&Aのフロー

（1）M&Aにおける手続

①全体像

一般的に、M&Aは、下表のとおり、大きく分けて、1．選定段階、2．交渉段階および3．実行段階の3段階に分けられる。より具体的には、1．選定段階では、

図表1-1：M&Aの各段階での手続

段階	手続	概要
1．選定段階	①M&A戦略の策定	・M&Aの目的・対象・時期等の決定
	②候補者選定	・策定したM&A戦略をふまえた候補者の選定
2．交渉段階	③アプローチ	・選定した候補者に対するアプローチ ・秘密保持契約の締結
	④初期分析（企業価値算定／ストラクチャー検討）	・初期的な資料に基づく企業価値算定 ・M&Aの目的達成・実現可能性等の観点をふまえたストラクチャーの検討
	⑤基本合意書	・M&Aの取引条件や今後のスケジュール等に関する当該時点での合意事項に関する基本合意の交渉・締結
	⑥デューデリジェンス	・M&Aの目的・ストラクチャー等をふまえたDDの実施
3．実行段階	⑦最終契約書の締結	・最終契約書の交渉・締結
	⑧クロージング	・クロージングまでの準備 ・クロージング日当日の手続実施
	⑨PMI	・クロージング後の企業統合作業

①M&A戦略の策定と②候補者選定など、2.交渉段階では、③アプローチ、④初期分析（企業価値算定／ストラクチャー検討）、⑤基本合意、⑥デューデリジェンスなど、また3.実行段階では、⑦最終契約の締結、⑧クロージング、⑨PMIなどの手続を行う。

②M&Aの登場人物

M&Aの手続は、M&Aの直接の当事者である売主および買主のみならず、フィナンシャル・アドバイザー（FA）、弁護士（リーガル・アドバイザー（LA））、会計士・税理士などの専門家の協力を得て行うことが一般的である。

フィナンシャル・アドバイザーは、1.選定段階のM&Aの①M&A戦略の策定から、3.実行段階の⑧クロージングまでの一連の手続について助言・支援を行うが、具体的にどのような業務を担当するかは、案件の性質やフィナンシャル・アドバイザーによってさまざまである。

弁護士（リーガル・アドバイザー（LA））は、④初期分析（ストラクチャー検討）、⑥デューデリジェンスや、2.交渉段階および3.実行段階における契約書（秘密保持契約書・基本合意書・最終契約書など）の作成や交渉などが主な役割である。

また、会計士・税理士は、④初期分析（企業価値算定／ストラクチャー検討）や⑥デューデリジェンスにおける会計面・税務面のサポートのために起用される。

さらに、M&Aの対象となる会社の事業の性質や規模に応じて、環境コンサルタント、不動産鑑定士や社会保険労務士による⑥デューデリジェンスなどのサポートや、司法書士による⑧クロージングにおける登記申請のサポートが必要となる場合もある。

（2）選定段階
①M&A戦略の策定

M&Aを検討するにあたっては、まずM&Aの目的・対象・時期等を決定する必要がある。

買主側のM&Aのメリットにはさまざまあるが、代表的なものとして、自ら事業を構築するのではなく、すでに実績のある事業を取得することにより、時間や投資といった経営資源を節減し企業価値を向上させることができる点にある。

売主側のM&Aのメリットも状況により多様であるが、たとえば、一部の事業を売却した資金を用いてコアとなる得意分野・成長分野に経営資源を集中させて事業規模を拡大できることや、後継者不足のオーナー企業がM&Aによって当該企業が有している雇用・技術・ノウハウを継続させることができることなどがあげられる。

②候補者選定

　買主側は、上記①で決定したM&A戦略をふまえ、買収対象とする企業を選定する。具体的には、大まかな基準に基づき対象となり得る企業を広くピックアップしたリスト（いわゆるロング・リスト）を作成したうえで、M&A戦略の重要な要素や実現可能性に照らしてさらに絞り込んだリスト（いわゆるショート・リスト）を作成することが一般的である。また、金融機関やM&A専門会社などから買収案件が持ち込まれることもある。

　一方、売主側も、M&A戦略をふまえてより多くの売却資金が得られる見込みがある買主候補や、売却後も対象となる事業の従業員の安定した雇用継続が見込まれる買主候補等を絞り込んでいくことになる。また、金融機関やM&A専門会社を介して作成する自己の企業の事業概要や過去数年間の財務情報など、売却対象企業の全体像を把握できる企業概要書（インフォメーション・メモランダム）と呼ばれる情報パッケージを用いて候補者を募集することもある。

(3) 交渉段階

①アプローチ

　選定した候補者に対してアプローチする方法としては、直接打診する方法やフィナンシャル・アドバイザー等のアドバイザーを通じて打診する方法がある。

　また、情報開示やデューデリジェンスに先立って、アプローチの段階で、候補者との間でM&A取引の存在や開示される情報の取扱いに関して秘密保持契約が締結されることが一般的である。

②初期分析（企業価値算定／ストラクチャー検討）

　アプローチ後に候補者が前向きな意向を示した場合には、企業価値の算定およびストラクチャー検討といった初期的な分析を行う。これは、買主側はもちろん

のこと、売主側にとっても、売却価格や会計税務の側面からメリットのあるストラクチャーを選定するために必要な手続である。

企業価値の算定は、M&Aの対象となる企業または事業の財務諸表や事業計画等を用いて行われるが、初期的な算定を行ったのち、デューデリジェンスの完了後に、その結果もふまえて最終的な算定がなされることになる。

また、ストラクチャーについては、株式譲渡、事業譲渡、合併等の適切なM&Aのストラクチャーを検討する必要があるが、後述するDDの結果や候補者との交渉に応じて変更される可能性があるため、初期段階では複数のストラクチャーを検討しておくことも有用である。

③基本合意書

初期分析の結果をふまえ、候補者と交渉を行い、当事者間の了解事項や共通認識等の大枠が決定した段階で、それまでの合意事項を確認・合意するために基本合意書を締結することがある。基本合意書は、Letter of Intent（略称としてLOI）や、Memorandum of Understanding（略称としてMOU）などと呼ばれることもある。一般に基本合意書は、法的拘束力のない条項を多くふくむ契約となる。

④デューデリジェンス

デューデリジェンス（DDと略される）とは、M&Aの対象となる企業や事業に対して実施される調査をいう。

基本合意が締結されるなど、M&A実行の確度がある程度高まった段階で、対象となる企業または事業の実態の把握、M&A実行によるリスクの抽出、M&Aの実行に必要となる手続の把握などを目的として、買主によるDDが行われることが一般的である。

具体的なDDの対象分野は、財務（会計・税務）、法務、ビジネスが主なものであるが、必要に応じて人事、環境、不動産なども対象とされることがある。

財務DDでは、過去や現在の財務状況を確認し、将来の収益状況の予測やリスクの評価もふまえた企業価値の算定、シナジーの検証、ストラクチャーに関連する検出事項の確認などが行われる。また、税務面では、未払いの租税の有無やM&A取引にともなって生じる課税の確認・検討等が行われる。

法務DDでは、法的なリスクの有無やM&Aの実行に際して必要となる法的手続

の確認等が行われる。

ビジネスDDでは、市場規模、市場占有率、業界の将来性、競合企業の状況、ノウハウ、信用力などを評価し、対象となる企業または事業の強みや弱み、シナジーなどの確認・検討が行われる。

なお、近時では売主が売却に際しての論点などを把握するため、売主側でDDを実行する例も散見される。

（4）実行段階
①最終契約書の締結

最終契約書とは、M&Aの実行に関する法的拘束力のある最終的な契約書をいう。

DDをふまえた交渉の結果、譲渡価額、M&Aの実行の前提条件、表明保証条項、誓約事項など各種条項について交渉がなされ、最終的な合意にいたった場合には、最終契約が締結される。これによって、売主および買主は、M&Aの実行について法的拘束力のある義務を負うことになる。

②クロージング

クロージングとは、M&Aの実行そのものを意味する。

最終契約書が締結されると、売主および買主は、クロージングのための準備として、クロージングの前提条件を充足させるために必要な行為（クロージング前またはクロージング日に相手方に交付する書面の準備をふくむ）や、クロージング前の誓約事項を履行するために必要な行為を行う。

クロージングは、最終契約書の締結日と同日に行われることもあるが、通常は、当該締結日から一定期間を設け、その間に、上記のような準備行為が行われることになる。

また、クロージングに先立ち、プレクロージングと呼ばれる、その時点でのクロージングに向けた書面の準備や手続の完了状況を確認する作業が行われる場合もある。

クロージングでは、売主および買主が、双方のクロージングの前提条件が充足されていること（または、充足されていない前提条件が放棄されていること）を確認したうえで、M&Aの効力を発生させるために必要な行為を行う。株式譲渡であれば、売主は株券（対象会社が株券発行会社の場合）または株主名簿書換請

求書(対象会社が株券不発行会社の場合)を買主に交付し、買主は売主に対して譲渡代金を支払うことが通常である。

③PMI

PMI（Post Merger Integration）とは、M&Aが成立した後の統合プロセスのことであり、M&Aによるシナジー効果を実現するための手続を意味する。

具体的には、販売・仕入体制、社内規程・労働条件、情報システム・インフラ等を有機的に統合する作業や、シナジー実現のための計画の策定やその実行のための準備作業などがこれに該当する。

3 法務担当者の役割

第2節で紹介したM&Aの手続のうち、法務担当者の役割が重要となる主な事項は下表のとおりである。

図表1-2：M&A手続での法務担当者の役割

項目	内容
秘密保持契約	秘密保持契約の作成・交渉
ストラクチャー	ストラクチャーについての法務面からの検討
基本合意書	基本合意書の作成・交渉
法務DD	法務DDの実施や法務DDで発見された問題点の検討
最終契約書	最終契約書の作成・交渉
クロージングの準備	クロージングに向けた法的な準備行為の実施（クロージングまでに相手方に交付が必要な書面の作成や、規制当局への届出の実施等）
クロージング	前提条件の充足確認等
PMI	法務面での統合作業の検討・実施

これらの事項については、法務担当者が対応するとともに、弁護士を起用して一次的な対応を行わせ、法務担当者がそれを管理・監督するというかたちで行われることも多くある。

4 クロスボーダーM&A

　クロスボーダーM&Aとは、日本企業による海外に所在する企業の買収や海外企業による日本に所在する企業の買収など、2つ以上の法域をまたいで行われるM&A取引をいう。クロスボーダーM&Aは、一般的に、海外企業による日本企業の買収・日本企業への投資であるインバウンド案件と、日本企業による海外企業の買収・海外企業への投資であるアウトバウンド案件の2つに分類される。

　インバウンド案件の場合、海外企業による買収や投資に際して、通常の国内企業による買収や投資に際して必要な手続に加えて、追加で外国為替及び外国貿易法（外為法）に基づく事前届出等の手続が必要とならないかなどの検討を要する。

　また、アウトバウンド案件の場合、M&Aの効力発生に必要な手続等は買収・投資先企業が所在する海外の法令の定めに従うこととなり、当該所在国の外資規制や競争法に基づく規制の適用の可否の検討も必要となる。DDも、買収・投資先企業の所在国の法令等を前提として実施する必要がある。そのため、当該所在国の資格を有する弁護士を起用することが一般的である。

Column

M&Aと取締役の責任

　M&Aで買収した会社の業績が、買収後、想定よりも著しく悪化した場合など、M&Aが必ずしも成功とはいえない事態に陥った場合、そのようなM&Aの実行を決定した買主の取締役が、善管注意義務違反に問われないかが問題となり得る。

　M&Aを行うか否か、またどのような条件でM&Aを行うかをふくむ取締役の経営判断については、取締役に広い裁量が認められ、意思決定の過程・内容に著しく不合理な点がない限りは、善管注意義務に違反するものではないという経営判断原則が適用されると解されており[1]、M&Aに関す

1　最判平成22年7月15日民集234号225頁

さらに、日本企業同士のM&A取引に際しても、買収の対象となる企業に海外に所在する子会社などが存在する場合もあり、その場合には、アウトバウンド案件と同様の検討が必要となる場合もある。

る取締役の意思決定についても、経営判断原則が適用されると考えられる。
　そのため、M&Aの意思決定において、取締役が善管注意義務の違反に問われないようにする観点からは、①専門家によるDDなどによってM&Aに関する判断の基礎となる十分な資料・情報を収集し、また②決裁権限を定めた規程に従った意思決定機関において必要に応じて専門家の意見を聴取するなどして、十分な議論・検討を尽くしたうえで意思決定を行うことにより、判断の過程・内容に著しく不合理な点が生じないようにすることが重要となる。

第 2 章
ストラクチャー

1 M&Aのストラクチャーの類型

M&Aには、さまざまな手法が存在し、その目的に応じて手法が選択される。複数の手法が組み合わせられることもある（以下、M&Aの手法やその組み合わせを指して、「ストラクチャー」という）。本節では、M&Aのストラクチャーのなかでも代表的なものについて、その特徴を紹介する。

M&Aのストラクチャーには、大別して、①株式を取得するもの、②事業を取得するもの、③2以上の当事者が経営や事業を統合するものがあげられる。

以下では、それぞれの分類に該当する代表的なストラクチャーについて説明する。

（1）株式の取得
①株式譲渡

株式譲渡とは、対象会社の株主から、その保有する株式の全部または一部を譲り受ける取引をいう。

図表2-1：株式譲渡のしくみ

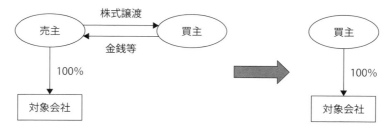

株式譲渡については、一定の場合を除いて、株主総会決議は不要である[2]。そのため、スケジュール上は最短1日で株式譲渡を実行することも可能であることが多い。

もっとも、対象会社が上場会社などの場合には、金融商品取引法に基づく公開

2　一定の子会社の株式譲渡については、株主総会決議が必要となる場合がある（会社法467条1項2号の2）。

買付けが必要となる場合があり、公開買付けが義務づけられる場合には、一定の手続と期間を要する点には留意を要する。

図表 2-2:株式譲渡のまとめ

取得の対象	●株式
取得の範囲	●譲渡対象となる株式の数は合意により決定
対　価	●金銭等
手続・スケジュール	●一定の場合を除き、株主総会決議は不要 ●対象会社が上場会社などの場合には、金融商品取引法に基づく公開買付けが必要となる場合があり、一定の手続と期間を要する可能性がある

②株式交換

株式交換とは、会社が他の株式会社の発行済株式の全部を取得し、完全子会社化する取引をいう。株式交換の結果、完全親会社となる会社のことを「株式交換

図表 2-3:株式交換のしくみ

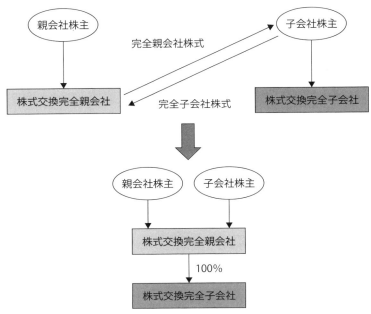

完全親会社」といい、完全子会社となる会社のことを「株式交換完全子会社」という。

株式交換の場合、株式交換完全親会社となる会社の株式を対価とすることができるため、現金を利用せずに対象会社の株式を取得し、子会社化することも可能である[3]。

原則として、株式交換完全親会社および株式交換完全子会社の双方において株主総会決議が必要となるが、後述する会社分割や合併などとは異なり、債権者保護手続が必要となる場合は限定的である。

図表2-4：株式交換のまとめ

取得の対象	●株式
取得の範囲	●発行済株式の全部
対　価	●株式、親会社の株式、金銭等
手続・スケジュール	●一定の場合を除き、株主総会決議が必要 ●債権者保護手続が必要となる場合は限定的

③株式交付

株式交付とは、株式会社が他の株式会社を子会社化するために、当該他の株式会社の株式を譲り受け、当該株式の譲渡人に対して、対価として当該株式会社の株式を交付する取引をいう。株式交換が他の株式会社を完全子会社化する取引であるのに対して、株式交付は、他の株式会社を子会社化する取引であり、完全子会社とする必要はない。

株式交付の結果、親会社となる会社のことを「株式交付親会社」といい、子会社となる会社のことを「株式交付子会社」という。

株式交付の場合、株式交付親会社となる会社の株式を対価とすることになるため、現金を利用せずに対象会社の株式を取得し、子会社化することも可能である。

原則として、株式交付親会社において株主総会決議が必要となるが、株式交換と同様に、債権者保護手続が必要となる場合は限定的である。なお、株式交付子会社においては、株主総会決議などの手続は不要である。

3　株式交換完全親会社となる会社の株式以外の財産を対価とすることも可能であり、たとえば、現金対価の株式交換や、完全親会社となる会社の親会社の株式を対価とする、いわゆる三角株式交換などが存在する。

図表 2-5：株式交付のしくみ

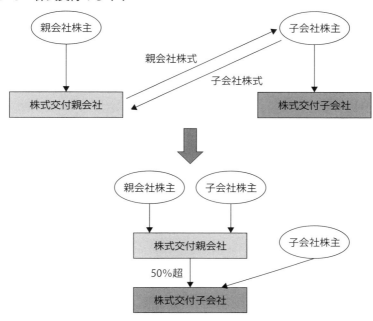

株式交換と異なり、株式交付による取得対象となる株式が譲渡制限株式である場合には、株式交付子会社において譲渡承認の手続が必要となり、株式交付子会社が上場会社などである場合には、株式交付親会社において、株式交付による株式の取得について公開買付けが義務づけられる場合がある。

図表 2-6：株式交付のまとめ

取得の対象	●株式
取得の範囲	●発行済株式の一部（子会社化するために必要となる議決権数以上であることを要する。）
対　価	●株式が必須（対価の一部については、親会社の株式や金銭等も可）
手続・スケジュール	●一定の場合を除き、株式交付親会社において株主総会決議が必要 ●株式交付親会社において債権者保護手続が必要となる場合は限定的 ●株式交付子会社が上場会社などの場合には、金融商品取引法に基づく公開買付けが必要となる場合があり、一定の手続と期間を要する可能性がある

④第三者割当による募集株式の発行等

第三者割当による募集株式の発行等とは、株式会社が、その株式を引受人に対してあらたに発行し、またはその自己株式を引受人に対して処分する取引をいう。

図表2-7：第三者割当による募集株式の発行のしくみ

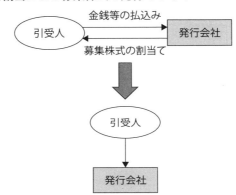

第三者割当による募集株式の発行等の場合、対価は対象会社に支払われることになる。そのため、対象会社が資金を必要としている場合には、その需要を満たすことが可能である。

他方、第三者割当による募集株式の発行等を行った場合、対象会社において議決権の希薄化が生じることになるため、既存の株主は株式などの引受けを行わない限り、議決権割合が低下することになる。

第三者割当による募集株式の発行等を行うためには、非公開会社では株主総会決議が必要となる。公開会社の場合、有利発行に該当する場合でなければ、株主総会決議は不要であり、取締役会決議のみで実行可能である。

図表2-8：第三者割当による募集株式の発行のまとめ

取得の対象	●株式
取得の範囲	●発行または処分する株式の数は合意により決定
対　価	●金銭等
手続・スケジュール	●非公開会社においては株主総会決議が必要 ●公開会社においては、有利発行に該当しなければ、株主総会決議は不要

(2) 事業の取得
①会社分割
　会社分割には、吸収分割および新設分割の2種類がある。

　吸収分割とは、会社がその事業に関して有する権利義務の全部または一部を他の会社に承継させる取引をいう。吸収分割をする会社を「吸収分割会社」といい、権利義務の承継を受ける会社を「吸収分割承継会社」という。

図表2-9：吸収分割と新設分割のしくみ

〈吸収分割〉

〈新設分割〉

　新設分割とは、会社がその事業に関して有する権利義務の全部または一部を分割によりあらたに設立する会社に承継させる取引をいう。新設分割をする会社を「新設分割会社」といい、新設分割により設立される会社を「新設分割設立会社」という。

　なお、会社分割の対価が吸収分割承継会社または新設分割設立会社（以下「承継会社」と総称する）の株式である場合、対価である当該株式は吸収分割会社または新設分割会社（以下「分割会社」と総称する）に対して交付されることになるが、会社分割の効力発生と同日に、分割会社がその株主に対して承継会社株式を配当するなどの方法により、分割会社の株主に対して会社分割の対価を交付することができる。

　分割会社に対して対価を交付する会社分割を「物的分割」または「分社型分割」というが、図表2-10のような方法により分割会社の株主に対して対価を交付する分割を、「人的分割」または「分割型分割」という。

　会社分割を行うと、対象となる事業に関する分割会社の資産、負債、契約、従

図表2-10:人的分割のしくみ

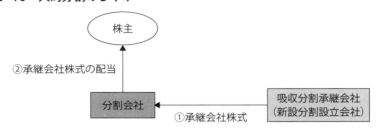

業員などが、相手方の同意を要さずに承継会社に包括的に承継される。吸収分割の場合、吸収分割承継会社の株式のみを対価とすることが可能であり、現金を利用せずに吸収分割会社の事業を取得することも可能である。

会社分割に際しては、分割会社および吸収分割承継会社の会社の双方において、原則として株主総会決議および債権者保護手続が必要となるほか、分割会社において労働契約承継法に基づく労働者保護手続（第5章2（4）を参照）が必要となる。

図表2-11:会社分割のまとめ

取得の対象	●事業
取得の範囲	●承継対象となる事業の範囲は合意により決定
対　価	●株式、親会社の株式、金銭等
手続・スケジュール	●一定の場合を除き、株主総会決議が必要 ●原則として債権者保護手続が必要 ●分割会社において労働者保護手続が必要

②事業譲渡

事業譲渡とは、会社が営んでいる事業に関する権利義務を譲渡する取引をいう。

図表2-12:事業譲渡のしくみ

事業譲渡は、会社分割と異なり、法的には、譲渡対象事業に関する権利義務を個別に譲渡する取引となる。そのため、個々の契約や債務の譲渡については、その相手方や債権者の同意が必要であり、また従業員との雇用契約を譲受会社に移転させるためには、従業員から個別に同意を得る必要がある。

このように、事業譲渡の場合には、個々の債権者や従業員の同意が必要となることから、会社分割と異なり、債権者保護手続や労働者保護手続は不要となる。

図表2-13：事業譲渡のまとめ

取得の対象	●事業
取得の範囲	●譲渡対象となる事業の範囲は合意により決定
対　価	●金銭等
手続・スケジュール	●事業の全部または重要な一部の譲渡の場合には、譲渡会社において原則として株主総会決議が必要 ●事業の全部の譲受けの場合には、譲受会社において原則として株主総会決議が必要 ●債権者保護手続や労働者保護手続は不要

③吸収合併

後述する吸収合併も、事業の全部を取得するために用いられるストラクチャーである。

(3) 統　合
①合　併

合併には、吸収合併および新設合併の2種類がある。

吸収合併とは、合併により消滅する会社の権利義務の全部を合併後存続する会社に承継させる取引をいう。吸収合併により消滅する会社を「吸収合併消滅会社」といい、吸収合併後存続する会社を「吸収合併存続会社」という。

新設合併とは、2以上の会社がする合併であって、合併により消滅する会社の権利義務の全部を合併により新たに設立する会社に承継させる取引をいう。新設合併により消滅する会社を「新設合併消滅会社」といい、新設合併により設立する会社を「新設合併設立会社」という。

合併を行うと、吸収合併消滅会社および新設合併消滅会社（以下「消滅会社」

図表 2-14：吸収合併と新設合併のしくみ

〈吸収合併〉

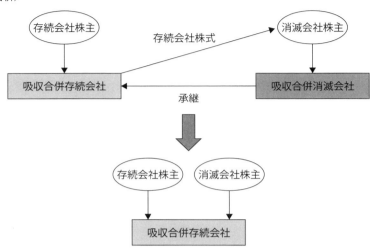

〈新設合併〉

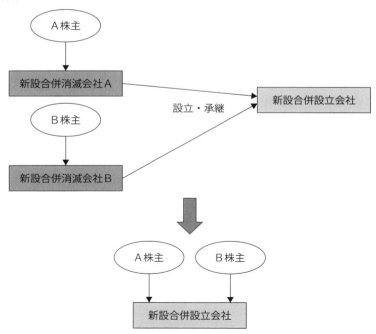

と総称する）の資産、負債、契約、従業員などが、相手方の同意を要さずに吸収合併存続会社および新設合併設立会社に包括的に承継され、消滅会社は解散することとなる。

　合併に際しては、消滅会社および吸収合併存続会社の双方において、原則として株主総会決議が必要となり、また債権者保護手続も必要となる。

図表2-15：合併のまとめ

取得の対象	●事業
取得の範囲	●事業の全部
対　価	●株式、親会社の株式、金銭等
手続・スケジュール	●一定の場合を除き、株主総会決議が必要 ●原則として債権者保護手続が必要

②共同株式移転

　共同株式移転とは、2以上の株式会社が、その発行済株式の全部を新たに設立する株式会社に取得される取引をいう。共同株式移転により、当事者に共通の完全親会社を設立することが可能となる。

　株式移転を行う会社を「株式移転完全子会社」といい、株式移転により設立される会社を「株式移転設立完全親会社」という。

　共同株式移転を行うことにより、当事者が持株会社の下に完全子会社としてぶら下がるかたちでの統合が可能となる。合併と異なり法人格が統合されず、統合の当事者の法人格がそのまま維持されることが特徴である。

　共同株式移転を行う場合、株主総会決議が必要となるが、債権者保護手続が必要となる場合は限定的である。

図表2-16：共同株式移転のしくみ

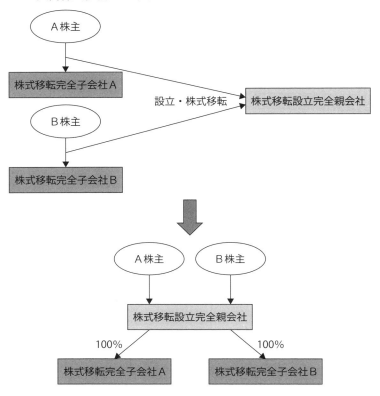

図表2-17：共同株式移転のまとめ

取得の対象	●株式
取得の範囲	●発行済株式の全部
対　価	●株式
手続・スケジュール	●株主総会決議が必要 ●債権者保護手続が必要となる場合は限定的

（4）複数の手法の組み合わせ

　実際のM&Aでは、前項までで紹介した複数の手法が組み合わされることがある。
　とくに、事業の取得の場合、買主が対象事業を直接取得するのではなく、対象事業を別法人として切り出し当該法人の株式の取得を希望する場合が多くある。

このような場合、売主において、①新設分割により対象事業を承継した新たな会社を設立し、②新たな会社を設立したうえで、当該会社に対して対象事業を吸収分割により承継させ、または③新たな会社を設立したうえで、当該会社に対して対象事業を事業譲渡により譲渡し、その後に当該新たな会社の株式を買主に譲渡するストラクチャーが採用される。

図表2-18：吸収分割後に吸収分割承継会社株式の譲渡を行うケース

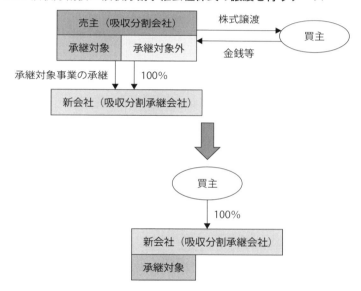

また、上記のように、承継対象事業を会社分割や事業譲渡で新会社に移転させたうえで新会社の株式を譲渡するのではなく、承継対象外となる権利義務を会社分割や事業譲渡などの手法により他の法人などに移転させることで、対象会社に承継対象事業のみを残したうえで対象会社の株式を譲渡するストラクチャーが採用される場合もある。

そのようなストラクチャーが採用される背景としては、たとえば承継対象事業に必要な許認可を会社分割や事業譲渡によって新会社に承継させることができず、当該許認可を現在の保有主体で維持し続けることが望ましい場合や、承継対象事業に所有不動産が存在し、当該不動産を移転させると多額の課税が生じる場合などがあることによる。

図表2-19：承継対象外の権利義務を吸収分割したうえで対象会社株式の譲渡を行うケース

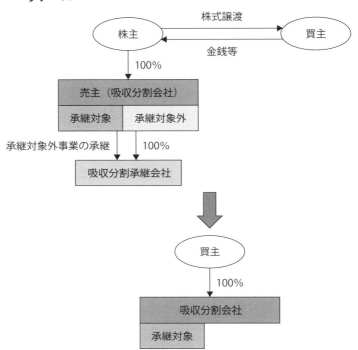

2 ストラクチャー選択の考え方

（1）ストラクチャー選択のポイント

　ストラクチャー選択においては、当事者の目的を実現するためにふさわしい方法であるかどうかが重要なポイントとなる。たとえば、会社の一事業を取得することが目的である場合には会社分割や事業譲渡が選択肢となるが、合併や株式交換を選択することはできない。

　また、目的を実現することができるストラクチャーのなかで、当該ストラクチャーによる買収に要するコストやスケジュールなど、当事者の利害得失に関わるさまざまな要素を考慮して、いずれのストラクチャーを選択するかを決定することになる。

また、会計や税務上の影響が重要な考慮要素となることも多いため、法務面だけでなく、会計・税務上の影響も検討したうえでストラクチャーを決定する必要がある。

以下では、ストラクチャー選択における具体的な考慮要素と考え方を紹介する。

(2) 取得の対象（株式の取得／事業の取得）

第1節で説明したとおり、株式と事業のいずれの取得を目的とするかで、採用すべきストラクチャーが異なる。

両者を比較すると、株式の取得の場合、対象会社の法人格に変化が生じないため、対象会社が保有する許認可は原則としてそのまま維持される。他方、事業の取得の場合には、当該事業を営む法人格が変わるため、事業を取得した会社が当該事業に関する許認可を維持できるかどうかは許認可次第となる。一部の許認可は合併や会社分割による承継が法令上認められているが、承継が認められない許認可も存在し、このような許認可については事業を取得した会社が新たに取得する必要が生じる。

また、対象会社に簿外債務や潜在債務が存在する場合、株式の取得ではこれらの債務の承継を遮断することはできない。他方、事業の取得の場合には、会社分割または事業譲渡であれば、どの債務を譲渡対象とするかを当事者間の合意によって決めることが可能であるため、簿外債務や潜在債務を譲渡の対象から外すことも可能である。

(3) 取得の範囲（全部買収／一部買収）

対象会社の株式・事業の全部を取得する場合には、株式譲渡、株式交換または合併などを選択することになる。対象会社の株式・事業の一部を取得する場合には、株式譲渡、株式交付、第三者割当による募集株式の発行等、会社分割または事業譲渡などを選択することになる。

(4) 対価（現金対価／株対価）

買収の対価を現金とする場合と（買主の）株式とする場合とでは、以下のとおり、買主・売主の双方にメリット・デメリットが存在する。また、現金対価とするか、株対価とするかで税務上の取扱いが異なる可能性があるため、税務の観点

も重要となる。

①買主側の視点
①現金対価の場合、手元資金が不足する場合には、外部からの資金調達が必要となるのに対し、株対価の場合、資金調達は不要である。ただし、資本コストは通常、株対価の場合のほうが高くなる。
②株対価の場合、自社の議決権の希薄化が生じるのに対し、現金対価の場合には希薄化が生じない。

②売主側の視点
①株対価の場合、売主は買主の株式を保有することになるため、買主の株価の上昇による利益を享受できる一方、株価の下落によるリスクも負うこととなるが、現金対価の場合には、このような対価の価値変動は生じない。
②とくに対価となる株式が非上場会社の株式である場合には、売却できる市場が存在しないため、売却による現金化が容易ではない可能性がある。

Column

会社分割と事業譲渡の比較

会社分割と事業譲渡は、いずれも事業の取得を目的とするストラクチャーであり、実務では、いずれを採用するかを比較検討する機会が多くある。会社分割と事業譲渡の主なメリットとデメリットを整理すると、以下のとおりである。

(5) 手続面での負担

スキーム選択にあたっては、手続面での負担も考慮要素となる。

たとえば、会社分割と事業譲渡は、いずれも会社の特定の事業を取得する目的を実現することが可能であるが、いずれを採用するかによって手続的な負担が異なる場合がある。

すなわち、会社分割の場合、債権者保護手続や労働者保護手続を行う必要があるが、個々の契約や債務の承継にあたって相手方の承諾を得る必要がない[4]。他方、事業譲渡の場合、債権者保護手続や労働者保護手続は不要であるが、個々の契約や債務の承継にあたって相手方の承諾を得る必要がある。

そのため、譲渡対象となる契約や債務などの数によって、会社分割と事業譲渡で手続的な負担が異なってくることになる。

	メリット	デメリット
会社分割	➤債務、契約関係を包括的に承継できる（原則として相手方の同意不要） ➤従業員も原則として同意なしに承継可能（ただし、労働契約承継法に基づく異議権あり）	➤債権者保護手続や労働者保護手続が必要
事業譲渡	➤債権者保護手続や労働者保護手続が不要	➤債務、契約関係、従業員のいずれについても、譲渡について個別に相手方の同意が必要

---

4 なお、会社分割の場合にも、承継させる契約において、会社分割を理由とする解除の定めなど（いわゆるChange of Control条項）がある場合には、当該契約の相手方から承諾を取得しないと契約を解除されるリスクがあるため、実務上契約の相手方からの承諾を取得する必要が生じる場面もある。

第 3 章
法務デューデリジェンス

1 法務デューデリジェンスの概要

(1) 法務デューデリジェンスとは

　法務デューデリジェンス（以下「法務DD」という）とは、M&Aを実施するにあたり、その対象となる会社、事業などに関する法的問題点の調査を行い、M&A実施の可否や実施に当たって対応すべき事項を確認・検討するプロセスを指す。

　M&Aの場面における法務DDのうち、最も典型的なものとしては、M&Aの買主側が買収対象となる会社（以下「対象会社」という）の法的問題点を調査する手続があげられるが、その他にも、M&Aの売主側がストラクチャーや契約内容の検討のために対象会社の法的問題点を調査する場合（いわゆるセラーズ・デューデリジェンス）などもあり、必ずしも買主側のみが行うものではない。

　本章では、最も典型的な買主側による法務DDを念頭において、その目的や主な調査項目について説明する。

(2) 法務デューデリジェンスの目的

　M&Aにおける法務DDの目的としては、大きく以下の4つがあげられる。

> ①M&A実行可否の判断
> ②対価に影響を及ぼす事項の確認
> ③M&A契約において対応すべき事項の確認
> ④M&A実行後に対応すべき事項の確認

①M&A実行可否の判断

　法務DDの結果、重大な法的問題点が発見され、その問題点を解決することが不可能または著しく困難である場合（たとえば、対象会社の主要な事業に法令違反が存在し、その法令違反を是正しようとすれば現在のビジネスモデルが維持できなくなるような場合）には、M&Aを実施するという意思決定自体が不可能となる。そのため、M&Aの実行を断念せざるを得ないような重要な法的問題点の有無を確認することは、法務DDの最も重要な目的といえる。

②対価に影響を及ぼす事項の確認

　M&Aの実施を中止するに至らない場合であっても、法務DDにより発見されたリスクが対象会社の価値に影響を与えるものであれば、M&Aの対価を調整して対処することが考えられる。

　たとえば、対象会社が多額の損害賠償を請求されている訴訟の被告となっており、法務DDの結果、対象会社がその訴訟に敗訴する可能性が高いことが判明したような場合には、請求されている金額をM&Aの対価から差し引くといった対応が考えられる。

③M&A契約において対応すべき事項の確認

　法務DDで発見された法的問題点には、当該問題について何らの対処もしないままM&Aを実行することはできないものの、M&A実行までに一定の対処を行えばその問題点を解消または軽減することが可能なものもある。そのような場合には、M&A契約において、M&Aの実行までに問題解決またはリスク軽減のために必要となる対処を行うことを売主の義務とすることや、法的問題点が解消や軽減されていることをM&A実行の前提条件とすることが考えられる。

　これに該当する典型的な問題点としては、対象会社の支配権に変更が生じた場合などを解除事由、事前承諾事由として定める契約条項、いわゆるChange of Control条項（COC条項）があげられる。対象会社の事業上重要な契約にCOC条項が存在する場合、M&A契約において、M&A実行前に、契約の相手方から「M&Aを理由に契約を解除しない」「M&A実行を承諾する」といった承諾を取り付けることをM&A実行の前提条件とすることで、当該契約が解除されるリスクを解消することができる。

④M&A実行後に対応すべき事項の確認

　法務DDで発見される問題には、M&A実行を断念せざるを得ないほど重大なものではなく、またM&A実行までに是正する必要性まではないものも存在する。こうした問題点に対して、M&A実行後にどのように対応すべきかを確認・検討することも、法務DDの重要な目的の1つといえる。

(3) 法務デューデリジェンスのプロセス
①基礎的な資料の確認

M&A実施の検討が開始された場合、まずは対象会社の全体像を把握するため基礎的な資料の分析を行い、どの範囲で法務DDを行うか、法務DDにおいてとくに重点的に確認を行うべき点はどこかといった調査範囲を検討することとなる。ここでいう基礎的な資料としては、対象会社やM&Aの仲介会社が作成した企業概要書、登記情報のような一般的に公表されている情報が考えられ、対象会社が上場会社の場合には、有価証券報告書や適時開示などのIR資料も初期的な確認資料にふくまれる。

②資料依頼、資料開示

基礎的な資料の分析、調査範囲の検討をふまえ、買主は対象会社（売主）に対して、より詳細な検討のために必要となる資料をリストアップして提出する。リスト作成の際は、効率的に法務DDが進められるよう、対象会社においてどのような資料の開示が求められているかをわかりやすく記載する（必要に応じて開示

Column

法務DDの調査範囲

法務DDを行うにあたっては、その調査範囲（スコープ）を決定する必要がある。

法務DDの主な調査項目は次節で説明するが、M&Aの規模やスケジュールによっては、調査項目を一部に限定することがある。

法務DDの調査範囲を決定するにあたっては、前提となるM&Aのストラクチャーを確定する必要がある。ストラクチャーが会社分割や事業譲渡である場合、株式を取得する場合と異なり、対象会社の法人格をそのまま取得するわけではないため、株式や役員に関する事項は必ずしも調査対象に含める必要はない。

そのほか、買収の目的との関係で重要な事項（買主が特に重要と考える

を求める趣旨を補足的に記載する)、資料の重要性ごとにレベルを設定して高レベルのものを優先的に開示してもらう、といった工夫が必要となる。

対象会社は、提示を受けたリストに基づき必要な資料を開示する。資料開示の方法としては、対象会社が買主からの依頼に基づいて準備した資料を1ヵ所に集められた「データルーム」と呼ばれる部屋が用意され、そこで資料を閲覧・コピーする場合もあるが、最近ではクラウドなどを利用したインターネット上の仮想データルーム(いわゆる「バーチャル・データルーム)においてデータで資料の開示がなされることが一般的である。

③Q&A・追加資料依頼、インタビュー

法務DDにおいては、客観的な資料を確認するとともに、資料自体が存在しない事項、資料上の記載からだけではわからない事項などについては、対象会社に対して直接質問して、回答を受ける必要がある。また、開示資料や質問に対する回答を受けて、別の資料を検討する必要が生じることもあり、そのような場合には追加の資料開示を求めることになる。

対象会社の機能など)や、対象会社の事業内容などを踏まえてとくにリスクが高いと考えられる事項などを踏まえて、法務DDの調査範囲を決定することになる。

また、対象会社に子会社や関連会社が存在する場合には、これらの子会社・関連会社も法務DDの調査範囲にふくめるか否か、検討する必要がある。子会社・関連会社が多数存在する場合、そのすべてを法務DDで調査することは困難であるケースも多いため、当該子会社・関連会社の売上や利益などの定量面や、対象会社グループ内で果たしている具体的な機能などの定性面を踏まえ、法務DDの調査範囲にふくめる子会社・関連会社の範囲を決定することが一般的である。

対象会社に対する質問、追加資料依頼の方法としては、質問事項や追加で開示を求める資料を記載したQ&Aシートを対象会社に提出し、対象会社において、当該シートに回答を記載したり依頼された追加資料を開示したりすることになる。

　また、Q&Aシートにおけるやり取りが一定程度行われると、法務DDにおいて確認したい情報の収集が一通り完了することになるが、書面を用いた質疑応答というQ&Aシートの性質上、質問者と回答者との間に認識のギャップが生じることにより、質問者が確認したい事項について的確な回答が得られない場合がある。そのため、Q&Aシートにおけるやり取りだけでなく、対象会社に対するインタビューが設定されることが多く、買主としては、対象会社のインタビュー対象者と直接質疑応答を行うことで、Q&Aシートのやり取りだけでは得られなかった必要な情報を収集していくこととなる。

④法務DDの結果報告

　開示された資料やQ&A、インタビューで取得した回答に基づき検討・分析された法的問題点やリスクは、報告書にまとめられて買主に対して調査結果の報告が行われる。

　多くの場合、法務DDが一定程度進んだタイミングで中間報告が行われ、買主はその段階で認識されている法的問題点について把握し、M&A実施にあたってどのような対応をとるべきか検討することとなる。中間報告段階で確認が十分でない事項、中間報告以降に発見された問題点などについては引き続き調査が行われ、これらの事項に関する分析の完了後に最終報告が行われる。

図表3-1：法務DDのプロセス

2 法務デューデリジェンスの主な調査項目

法務DDにおける主な調査項目としては、以下の事項があげられる。

> ①組織
> ②株式
> ③役員
> ④事業
> ⑤許認可・コンプライアンス
> ⑥資産・負債・保険
> ⑦知的財産権
> ⑧人事・労務
> ⑨訴訟・紛争
> ⑩環境

(1) 組　織

　組織の項目では、商業登記簿謄本、対象会社の定款その他の社内規程、株主総会議事録、取締役会議事録などの重要な会議体の議事録などの資料を確認し、会社法の適用関係を中心に調査を行う。具体的な調査項目としては、以下のようなものがあげられる。

①定款や商業登記の内容

　定款については、会社法などの法令に適合した内容となっているか、M&A実施後に変更が必要となる条項がないかなどが確認事項となる。
　また、商業登記については、登記すべき事項が適切に記載されているか、登記の懈怠が生じていないかなどについて確認する。

②株主総会、取締役会の運営

　株主総会議事録、取締役会議事録などを確認し、会社法および定款に従った組織運営がなされているか、株主総会決議や取締役会決議に無効となるものや取り

消される可能性があるものがないかを確認する。具体的に例をあげると、以下のような問題がないかを確認することになる。

- 必要な招集手続、招集手続省略の手続がとられているか
- 取締役会が会社法上必要とされている頻度（3ヵ月に1回以上）で開催されているか
- 利益相反取引について必要な承認が得られているか
- 特別利害関係取締役が関与している取締役会決議はないか

③グループ会社との関係

　対象会社がある企業グループの一部を構成するような場合には、対象会社と他のグループ会社との間の取引関係について確認する必要がある。たとえば、対象会社が企業グループに属していることを理由に有利な条件で取引を行っている場合や、他のグループ会社から対象会社の事業運営に必要な一部の機能の提供を受けている場合には、M&A実施により当該グループから離脱することにより、同様の条件での取引を維持できない可能性が考えられる。このような問題は、一般的に「スタンド・アローン問題」と呼ばれ、M&A実行後の対象会社の事業運営

Column

スタンド・アローン問題

　対象会社とグループ会社との取引関係としては、具体的には以下のようなものが考えられる。

- バックオフィス業務（総務・経理など）のグループ会社への委託
- 役職員の派遣・出向
- グループ全体での共同購買によるボリュームディスカウントの享受
- グループ会社とのオフィスの同居
- グループ会社の基幹システムの利用
- グループのキャッシュ・マネジメント・システムの利用
- グループ会社からの商標その他の知的財産権の使用許諾

を見据えて、どのような手当てを行う必要があるかを検討することとなる。

(2) 株　式

株式譲渡によるM&Aの場合、株式は買主が譲り受ける目的物それ自体であるため、株式は法務DDにおいてとくに重要な調査項目の1つである。株式に関する具体的な調査項目としては、以下のようなものがあげられる。

①株式・新株予約権の発行の有効性

まず、発行された株式や新株予約権それ自体が、適法かつ有効に発行されているかが重要な調査項目となる。

もっとも、株式や新株予約権の発行の有効性を争う手段は原則として無効の訴えに限定されており、かつ、無効の訴えは発行から6ヵ月（非公開会社の場合には1年間）に限定されていることから、すでに無効の訴えの提訴期間が経過している株式、新株予約権については、その有効性自体を調査する必要性は低くなる。

- グループ全体でのグループ保険への加入
- グループ会社共通の福利厚生制度の利用

これらの取引により対象会社が受けている便益は、対象会社がグループ企業の一員として享受しているものであるため、対象会社は、基本的には、M&A実行後はこれらの便益を享受することができなくなる。そのため、これらの便益のうち対象会社にとってとくに重要なものを精査し、M&A実行後も当該便益の提供を受けるため、対象会社と他のグループ会社との間で新たに契約を締結するなどの対応を検討する必要がある。

②株式・新株予約権の内容

　対象会社が種類株式や新株予約権を発行している場合には、その内容を確認する必要がある。

　M&Aによって対象会社の株式全部を取得しようとする場合において、対象会社が新株予約権を発行していれば、新株予約権者が権利行使することにより、買主は対象会社の100％株主ではなくなる。そのため、権利行使の条件や対象会社自身が新株予約権を取得できる条件（いわゆる取得条項）などの新株予約権の内容を確認し、必要な対応を検討する必要がある。

　また、M&Aによって対象会社の株式の一部を取得しようとする場合には、他の株主がどのような権利を有しているかが重要となるため、当該他の株主が有している種類株式の内容を確認する必要がある。

③株式の帰属

　M&Aによって対象会社の株式を取得しようとする場合、売主となる現在の株主が適法かつ有効に対象会社の株式を保有していることが前提となる。そのため、現在の株主がその保有する株式を有効に取得しているか、具体的には、①現在の株主が株式を譲り受けた際の相手方は、有効に当該株式を保有していたか、②当該譲受けの際に必要な手続が行われたか（譲渡に際して株券は交付されたか、譲渡承認決議はあったかなど）などの事項を、対象会社の設立時に遡って確認することとなる。

　もっとも、社歴が古い会社の場合、設立から現在に至るまでの株式の異動の経緯を把握することは困難である場合が多く、そのような場合には、現在の株主が真の株主でない可能性が完全には否定できないことをふまえて、M&A契約などで対応していく必要がある。

④株主間契約

　対象会社の株主が複数存在する場合には、対象会社の株式の取扱いや組織運営に関して株主間契約が締結されている場合がある。

　対象会社のすべての株式を取得しようとする場合には、M&A実施後の対象会社の株主は買主のみとなるため、既存の株主間契約は終了することになるが、M&A実施前に必要となる手続などを確認するため、法務DDにおいて株主間契約

を確認することが一般的である。

また、対象会社の株式の一部を取得しようとする場合には、買主自身が株主間契約の当事者の1人として追加されることも想定されるため、株主間契約に基づく権利・義務について確認し、対象会社の株式取得にあたり当該株主間契約を変更する必要がないかなどを検討する必要がある。

(3) 役 員

役員に関する具体的な調査項目としては、以下のようなものがあげられる。

①役員構成
対象会社の役員構成が会社法や定款に適合しているかなどを確認する。

②役員報酬
会社法上、役員の報酬については、定款に規定するか株主総会において決議する必要があるとされているため、こうした手続がなされているか確認する必要がある。

また、役員退職慰労金についても、対象会社における制度の有無・内容や、役員と対象会社またはその株主との間で何らかの取決めがなされていないかなどを確認することになる。

③役員に対する経済的利益の提供
会社によっては、役員に対して社宅や社用車などを無償または廉価で提供しているケースが見られるが、社宅や社用車などを役員が私的に使用している場合には、会社法上は当該提供が非金銭報酬に該当し、会社法上の役員報酬の決定手続を経る必要がある。そのため、当該手続がなされているか確認する必要がある。

また、このような経済的利益の提供は、対象会社の事業運営上の必要性がない場合も多く、そのような場合には、M&A実施にあたって提供を中止する、役員に対して適正な対価を支払わせるといった対応を検討する必要がある。

(4) 事 業

事業に関する具体的な調査項目としては、以下のようなものがあげられる。

①契約書の有無

対象会社の重要な契約について、まず契約書が作成されているかを確認する。

業態や取引類型によっては、重要な契約であるにもかかわらず契約書が作成されていないケースもある。そのような場合、取引条件が不明確であることから、契約当事者双方の認識に齟齬が生じ、紛争につながるおそれが否定できないため、対象会社に契約書を締結させるといった対応を検討する必要がある。

②取引の継続性

重要な契約については、その取引が終了した場合には対象会社に与える悪影響が大きいおそれがあるため、M&A実行後もその取引の継続性が確保されているかが重要な確認事項となる。

典型的には、いわゆるChange of Control条項（COC条項）と呼ばれる、会社の支配権の変更などを契約の禁止事項、解除事由、事前承諾事由とする条項が重要な契約に規定されていないかを確認することが必要となる。COC条項の確認にあたっては、M&Aのストラクチャーによって何がCOC条項に該当するかが変わるため、ストラクチャーを把握したうえで確認を行うことが必須となる。

また、契約期間がいつまでか、自動更新条項は付されているか、相手方の中途解約権は定められているかといった点についても、取引の継続性との関係で確認が必要な点となる。

③事業運営に制約を与える条項

契約の中には、対象会社の事業運営に制約を加える条項が含まれている場合がある。

事業運営に制約を加える条項としては、たとえば、相手方の事業と競合する事業を行うことを禁止する競業避止義務条項や、販売価格や販売地域に制限を加える条項が考えられる。これらの条項は、現時点で対象会社のビジネスに大きな影響を与えていないとしても、M&A実施後に買主が考える事業展開を阻害する可能性があるため、確認すべき重要なポイントの1つとなる。

④対象会社にとって不利な条項

法務DDにおいては、一般的な水準に照らして対象会社に不利な内容となって

いる契約についても把握しておく必要がある。

不利な内容としては、たとえば、対象会社が負担する契約不適合責任が長期に設定されている場合や、対象会社に高額な違約金の支払義務が規定されている場合などがあげられる。

(5) 許認可・コンプライアンス

許認可・コンプライアンスに関する事項は、対象会社がどのような許認可を取得しているか、対象会社が行うビジネスにはどのような法令が適用されるかにより確認すべき事項が異なり、具体的な調査項目もまちまちである。

以下では、対象会社の事業の性質にかかわらず、共通して確認が必要となる事項をあげている。

①許認可の取得状況の確認

まず、対象会社がどのような許認可を取得しているか、許可証や申請書などの資料から確認する。許可証などの内容を確認することにより、どのような条件で許認可を取得しているのかを確認することができ、許認可を維持するうえで遵守すべき重要な事項の特定も可能となる。

②許認可を受けている事業者の義務の遵守状況の確認

許認可を受けている事業者に対して法令上課されている義務は多岐にわたり、法務DDにおいてそのすべてを確認することは難しい場合が多い。

法務DDにおいては、とくに重要な義務、具体的には、当該義務を遵守しなければ許認可の取消しや業務停止命令を受けるおそれがあるなど、遵守しなかった場合のサンクションによって対象会社の事業に与える影響が大きい義務を中心に確認していくことが通常である。

③M&A実施後の許認可の維持

会社分割のような対象会社とその事業を切り離して行うM&Aの場合には、対象会社が保有していた許認可を引き継ぐことができず、買主において許認可を取り直す必要が生じる場合がある。また、対象会社が消滅会社となる合併を行う場合に、許認可を存続会社に承継されるためには監督官庁の認可が必要となるなど、

対象会社が取得している許認可の種類によっては、M&Aのストラクチャーに応じて一定の手続が必要となることも考えられる。

そのため、想定しているストラクチャーに応じて、M&A実施後も許認可を維持するためにはどのような手続が必要かという点も、法務DDにおける重要な確認事項となる。

④コンプライアンス体制

対象会社のコンプライアンスの状況を確認するうえでは、まずどのようなコンプライアンス体制を構築しているかを確認し、法令遵守や不祥事の発生防止が可能な体制となっているかを確認することが有用である。

具体的な確認事項としては、従業員に対するコンプライアンスに関する教育の内容、不正・不祥事が発覚した場合の対応フロー、内部監査体制や内部通報制度の有無・内容などがあげられる。

⑤個別の法令などの遵守状況

対象会社による個別の法令などの遵守状況も、法務DDの確認事項となる。

もっとも、限られた時間の中で対象会社の協力を前提に行われる法務DDの性質上、対象会社に適用される個別法令をすべて確認することは不可能である。そのため、対象会社の規模やビジネスの特性に応じて、どの法令について、どの粒度で確認することができるかの検討も重要となり、また重大な法令などの違反に限定をした調査を行うこともある。

また、規制当局から、過去に法令などの違反に関する処分や指導を受けている場合には、その内容も調査対象となる。

(6) 資産・負債

資産・負債に関しては、対象会社がどのような資産を保有しているか、どのような負債を負担しているかを確認したうえで、その権利関係や契約内容を確認する。具体的な調査項目は以下のとおりである。

①所有不動産

対象会社が不動産を所有している場合は、当該不動産に関する権利関係、具体

的には、不動産の使用を制限する第三者の権利（賃借権、地上権、地役権など）が設定されていないか、抵当権などの担保が設定されていないかなどを確認する。

②賃借不動産

　対象会社が賃借している不動産に関しては、賃貸借契約を確認し、賃料、賃貸借期間とその更新条項、負担している義務の内容、定期賃貸借契約か否か、転貸借か否か（転貸借である場合には、原賃貸人の承諾を得ているか）、COC条項の有無やその内容について確認する。

③動　産

　対象会社が、特殊な生産設備など、代替品の調達が困難であるなどの理由から、重要性が高い動産を使用している場合には、当該動産について、不動産と同様の観点からの調査が必要となる。

④その他の資産

　動産および不動産以外の資産としては、システム、貸付金や有価証券などがあげられる。これらについても、対象会社の事業にとって重要性が高い場合には、不動産と同様の観点で権利関係や関連する契約を確認することになる。

　他方、貸付や有価証券については、対象会社の事業遂行にとって必ずしも必要なものではないケースもあり、その場合には、M&A実行前に解消、処分することが考えられる。その場合、これらの資産の解消・処分の可否や必要となる手続について調査を行うこととなる。

⑤借入れの状況

　法務DDにおいては、対象会社の借入れについては、金融機関との間の金銭消費貸借契約や取引約定書を確認し、対象会社がこれらの契約に違反していないか、これらの契約においてM&A実施にともなって必要となる手続はどのようなものかなどの確認を行う。

　また、M&A実施にあたって対象会社の借入れを弁済することを想定している場合には、期限前弁済に関する取決めについても確認する必要がある。

　対象会社が社債を発行している場合には、社債についても、借入れと同様の観

点で調査することになる。

⑥保証・担保
　対象会社が第三者の債務のために保証人となっている場合や、所有している資産を担保提供している場合には、関連する契約を確認し、被保証債務や被担保債権の内容などを把握することが必要になる。

⑦保　険
　対象会社が加入している保険の内容や、M&Aの実行に際して当該保険について必要となる手続の内容、過去の保険金請求の状況などが確認対象となる。

（7）知的財産
①保有知的財産
　対象会社が保有している知的財産権を確認する。
　対象会社が保有している知的財産のうち、登録を要するものについては公開情報で確認することができるが、これらの知的財産を対象会社が有効に保有しているかどうかを確認するためには、対象会社に帰属するに至った経緯を調査する必要がある。たとえば、対象会社が保有する特許権が従業員の職務発明によるものである場合には、職務発明規程が適切に制定されているかなどを確認することとなるとともに、第三者との共同研究によっている場合には、共同研究契約に基づく権利の帰属や共同出願に関する契約などを確認することになる。
　また、従業員による職務発明が対象会社に帰属した場合には、当該従業員には相当の利益を受ける権利が発生するため、当該相当の利益の支払い実績も確認対象となる。

②ライセンス契約
　対象会社が第三者からライセンスを受けて知的財産を使用している場合には、ライセンス契約の内容を確認する必要がある。
　具体的な確認事項としては、ライセンスの範囲、禁止されている行為の内容、サブライセンスの可否、ライセンスフィー、ライセンス期間、COC条項の有無・内容などがあげられる。

③第三者の知的財産権の侵害の有無

　対象会社が第三者の知的財産権を侵害していないかどうかも、法務DDでの確認事項となる。

　対象会社が使用している技術や他社特許の内容を精査したうえで、他社特許の侵害の有無を詳細に調査することは、法務DDでは行わず、弁理士による調査領域となることが通常である。

　法務DDでは、対象会社による他社保有の知的財産権の侵害の有無の確認体制や、第三者からの知的財産権の侵害に関するクレームの有無・内容などを確認するケースが多い。

（8）人事労務
①労働関連の法令などの遵守状況

　三六協定の締結・労働基準監督署への届出の実施など、労働関連の法令などが定める手続の実施を含む、労働関連の法令などの遵守状況は、人事労務に関する重要な確認ポイントの1つとなる。

　また、過去に、労働基準監督署などから、労働関連の法令などの違反を理由とする是正勧告・指導を受けている場合には、その内容を確認することとなる。

②未払賃金

　対象会社において未払賃金が発生しているか否かは、未払賃金が発生している場合には、従業員による請求や労働基準監督署などによる指導を契機として、その支払いを余儀なくされる可能性があることに加え、M&A実行後に、これまで発生していた未払賃金分を適切に支払う運用に改めた場合、対象会社のキャッシュフローに影響が及ぶことから、法務DDの調査項目の中でも重要なものの1つといえる。

　未払賃金の有無については、労働時間を適切に把握できているか（労働時間の切捨てを行っていないか）、割増賃金の計算方法は適切か（除外できない手当てを除外して割増賃金を算定していないか）、管理監督者の範囲は適切か、特殊な労働時間制を採用している場合にはその要件を充足しているかなどの観点から検討していくこととなる。

③労働組合の状況

対象会社に労働組合が存在する場合には、その活動状況や対象会社との関係、労働協約の内容などが法務DDの確認対象となる。

④労働災害・従業員との紛争

対象会社において過去に発生した労働災害の内容や、従業員との間の紛争の有無・内容も、人事労務に関する確認事項となる。

（9）訴訟・紛争

対象会社において、現在または過去の訴訟・紛争が存在する場合、その内容について確認し、対象会社に及ぼす影響について分析する必要がある。

また、紛争に至っていないクレームなどの事案についても、今後紛争に発展する可能性が否定できず、また内容によっては同種のクレームが今後発生する可能性が存することから、その内容や対象会社における対応についても確認する必要がある。対象会社におけるクレームなどの対応体制も確認事項の1つである。

（10）環　境

対象会社が、その事業の過程で土壌汚染や地下水汚染の原因になり得る物質を使用している場合など、その事業において環境問題が生じる懸念が存する場合には、環境に関する事項が法務DDの調査事項となる。

法務DDでは、現地の土壌や地下水の検査などを行うことはできず、これらの調査は、環境DDとして、専門の調査会社が実施することになる。そのため、法務DDでは、環境に関連する法令などの遵守状況や、過去の環境に関する調査結果の内容、環境に関する規制当局や近隣住民からのクレームなどの有無・内容などを調査することが通常である。

第 4 章

M&Aの契約

1 M&A契約の種類

(1) 交渉段階における契約

　M&Aにおいて締結される契約は、選択されるストラクチャーに応じてさまざまであるが、法的拘束力を有する最終的な契約が締結されるまでの間に、対象会社に関するデューデリジェンスが実施され、また最終的なM&A契約の内容について相当に長期間の交渉がなされるケースも少なくないことから、最終的な契約が締結される前の交渉段階においても一定の契約を締結する意義がある。

　交渉段階において締結される契約としては、主に、秘密保持契約と基本合意書がある。

①秘密保持契約

　秘密保持契約は、相手方から開示された情報を第三者に開示または漏えいせず、目的外の利用をしないことなどを主な内容とする契約で、M&Aに限らず、さまざまな取引の検討段階や開始時に締結される契約である。M&Aにおいても、まずは交渉を始める段階で、秘密保持契約が締結されることになる。

　M&Aは、その性質上、取引や交渉の存在・内容の秘匿性が極めて高いという

Column

基本合意書の法的拘束力と適時開示

　上場会社が基本合意書を締結する場合であって、対象となるM&Aが金融商品取引所規則に基づく適時開示の対象となるものである場合、実務的には、その時点で適時開示義務が生じるかどうかが問題となる。

　金融商品取引所の規則上は、基本合意書の締結により、当該M&Aについて事実上決定しているといえる場合には、その時点で適時開示義務が生じることになる。

　他方、基本合意書の締結が単なる準備行為に過ぎないとき、交渉を開始

特徴があるため、M&Aにおいて締結される秘密保持契約では、対象会社に関するデューデリジェンスの過程において提供される情報等の相手方当事者から提供される情報だけではなく、取引や交渉の存在・内容そのものについても、秘密保持義務の対象に含めることが一般的である。

M&Aにおいて締結される秘密保持契約では、一般的な秘密保持契約と同様に、相手方から開示された情報を第三者に開示または漏えいせず、目的外の利用をしないことのほか、秘密保持義務の対象となる秘密情報の範囲、秘密保持義務の例外（例外的に第三者に開示することができる場面等）、秘密保持義務の存続期間（契約の有効期間）、秘密情報の返還・破棄等が規定されることになる。

なお、買主がM&Aのための資金を外部から調達する場合、資金調達先（投資家や金融機関等）にも対象会社の情報等を開示する必要があるため、秘密保持義務の例外として、当該資金調達先にも売主から提供された情報を開示できるようにしておく必要がある。

②基本合意書

締結する目的

基本合意書は、M&Aの交渉段階において、その時点の当事者間の了解事項や共通認識等について確認・合意するために締結される契約をいう。

するにあたっての一定の合意でしかなく、その成立の見込みが立つものではないとき、または当該時点で公表するとその成立に至らないおそれが高いときなどは、適時開示義務が生じるものではないとされている。また、基本合意書の法的拘束力の有無や合併比率等の記載の有無をもって、直ちに適時開示が不要と判断すべきものではないとされている。

なお、実務では、適時開示義務が生じない場合であっても、基本合意書の締結時点で任意の適時開示を行う場合もある。

基本合意書が締結されるかどうかは、事案の性質次第であるが、基本合意書を締結することにより、M&Aの実現可能性を高める事実上の効果を期待することができる。また、基本合意書の締結を契機として、M&Aを対外公表することを目的とする場合もある。対外公表することにより、上場会社であれば、インサイダー取引規制の対象となる重要事実を公表することができるとともに、社内外の関係者に対してM&Aについて説明しやすくなる。

基本合意書の内容

　基本合意書に規定される内容は、選択されるストラクチャーや案件の性質等によってさまざまであるが、一般的には、以下の項目があげられる。

図表4-1：基本合意書の内容

項目	概要
M&Aの基本条件	予定しているM&Aのストラクチャー、内容、条件
スケジュール	予定しているM&Aのスケジュール
デューデリジェンス	売主によるデューデリジェンスへの協力義務
独占交渉権	買主の独占交渉権の内容（例外の有無、期間等）
法的拘束力	法的拘束力のある条項
一般条項	秘密保持義務、有効期間等

　基本合意書の場合、取引の背景や個別事情によりさまざまであるが、デューデリジェンスへの協力義務、独占交渉権や一般条項については法的拘束力を持たせる一方で、いまだ交渉段階であることから、それ以外のM&Aの基本条件やスケジュールについては法的拘束力を持たせないことも多い。

（2）最終契約書

　秘密保持契約や基本合意書等の交渉段階における契約の締結後、M&Aの実行について最終的な合意に至った場合には、M&Aの条件や当事者の権利義務について、法的拘束力を有する最終的な契約が締結されることになるが、このような契約を一般的に最終契約書という。

　最終契約書には、①株式譲渡契約や株式引受契約、合併契約、吸収分割契約、事業譲渡契約等のM&Aの実行自体を合意する契約と、②M&Aの実行に伴って付随的に必要となる事項について合意する契約がある。

上記①に関し、会社分割、株式交換等の会社法上の組織再編行為が用いられるM&Aにおいては、法定記載事項が記載された合併契約、会社分割契約、株式交換契約等の会社法に基づく法定契約を締結する必要があるが、これらの法定契約とは別に、会社法に基づく法定記載事項以外の当事者の権利義務等について定めた最終契約書が締結されることもある。

また、上記②の例としては、以下のような契約がある。

図表 4 - 2 ：最終契約で交わされる契約書

種類	内容
株主間契約	対象会社に株主が複数存在する場合に、対象会社株式の取扱いや対象会社の運営等について、株主間で合意するために締結される契約
経営委任契約	買主が、対象会社の役員に対して、買収後の対象会社の経営を委任するために、役員の義務等や報酬・期間等の条件等について合意するために締結される契約
移行期間中のサービス提供に関する契約（Transition Service Agreement）	対象会社が、売却後も一定期間は引き続き、売主やそのグループ会社等からサービス提供を受ける必要がある場合に、当該サービス提供の条件等について合意するために締結される契約

次節では、株式譲渡の場合に用いられる株式譲渡契約書を例に、最終契約書の具体的内容について説明する。

2　最終契約書の具体的内容

（1）主な規定事項等

ここでは、M&Aの最終契約書で規定される具体的な内容について説明する。

最終契約書はM&Aのストラクチャーや取引の内容によってさまざまな種類があり、そこで規定される内容も最終契約書の種類によってさまざまであるが、株式譲渡を実行する場合の株式譲渡契約において一般的に規定される主な内容は、以下のとおりである。

図表4-3：最終契約書の規定事項

項目	概要
対価	株式譲渡における譲渡価額
クロージング	株式譲渡の実行日および実行手続等
前提条件	クロージングを行う義務を履行するための前提条件
表明保証	当事者や対象会社に関する表明保証
誓約事項	クロージング前の義務、クロージング後の義務
補償	表明保証違反や義務違反による損害の賠償・補償
契約の解除	解除事由、解除の制限等
一般条項	秘密保持、譲渡禁止、通知、準拠法、裁判管轄等

(2) 対　価

　株式譲渡の目的である対象会社株式の譲渡価額を定めることになる。

　譲渡価額は固定額とする場合もあるが、株式譲渡契約の締結日からクロージング日までの対象会社の株式価値の変動を価額に反映させるための、価格調整条項を規定することもある。契約の締結日からクロージングまでの期間が長く、対象会社の株式価値が変動する可能性が高い場合、価格調整条項の規定の要否を検討する必要が高くなる。

　また、譲渡価額は、クロージング日に一括して支払うケースが多いが、譲渡価額の一部を後払いとするケースもある。買主としては、売主の資力に不安がある場合、譲渡価額の一部の支払いを留保しておけば、クロージング後に売主に対して補償請求を行うことになった場合に、留保している譲渡価額から補償額を回収できることになる。

　さらに、アーンアウト（Earn-out）条項といって、クロージング日に一定の譲渡価額を支払うことに加えて、クロージング後の一定の期間において、買収対象とされた会社・事業が特定の目標を達成した場合に、買主が売主に対してあらかじめ合意した追加の譲渡価額を支払う旨を規定することもある。

(3) クロージング

　最終契約書で定めるM&Aの実行を「クロージング」といい、ここではクロージングが行われる日（クロージング日）や場所、クロージング手続、すなわち株式の譲渡および譲渡価額の支払手続について規定されることになる。

株式譲渡における売主の手続としては、対象会社が株券発行会社である場合には株券の交付が、また対象会社が株券不発行会社である場合には対象会社株式の売主から買主への譲渡に係る株主名簿書換請求書の交付が、それぞれ規定されることが通常である。
　また、買主の手続としては、譲渡価額の支払いが規定されることが通常であり、これらの売主および買主の手続は同時履行として規定されることが一般的であるが、いずれかの手続が先履行として規定される場合もある。

(4) 前提条件

　クロージングの前提条件とは、売主および買主がそれぞれクロージングを行う義務を履行するための前提となる条件を定めるもので、前提条件として定められた事項の全部または一部が充足されていない場合、当該当事者はクロージングを行う義務を負わないことになる。
　どのような前提条件が規定されるかは、当該M&Aの内容によってさまざまであるが、株式譲渡契約においては、一般的に、①相手方による表明保証が真実かつ正確であること、②相手方の誓約事項が履行されており違反がないこと、などが前提条件として定められることになる。
　また、公正取引委員会等の規制当局への届出および待機期間の経過や規制当局の承認取得が必要となるM&Aにおいては、当該待機期間の経過や承認の取得も前提条件として定められることが通常である。

(5) 表明保証

　表明保証とは、当事者が、他方当事者に対し、ある一定の時点における事実・権利義務の有無や状態等が真実かつ正確であることを表明し、その内容について保証するものである。
　M&Aにおいては、当事者は、最終契約書を締結するにあたり、その対価をはじめとする取引条件の妥当性を検討することになるが、表明保証条項は、そこでの判断において前提とされた事項について相手方当事者に表明保証させることで、そのような前提が異なっていた場合のリスクを相手方当事者に負担させる機能がある。すなわち、表明保証条項を規定することによって、そこで対象となる表明保証が真実かつ正確であることをクロージングの前提条件とすることを通じて、

表明保証違反があった場合に当該取引を中止することが可能となり、また補償条項を通じて、当該違反があった場合に自らが被った損害を相手方当事者に補償させることが可能となる。

他方、相手方当事者に表明保証させなかった事項は、自らがリスクを負担することになるため、表明保証条項は、当事者間のリスク分担の機能を果たすものといえる。

表明保証の内容は、M&Aの規模や当事者間の交渉によって異なるが、株式譲渡契約において一般的に規定されることが多い、主な表明保証の内容は、以下のとおりである。

図表4-4：当事者に関する表明保証

項目	概要
設立・存続	（当事者が法人の場合）有効な設立および存続
契約の締結・履行	契約締結・履行のための必要な権限・権能の存在
強制執行可能性	契約の強制執行可能性

Column
表明保証違反の認識が与える影響

当事者間におけるリスクの分担という表明保証の趣旨からすると、株式譲渡契約において表明保証を規定した以上、買主が売主の表明保証違反の存在を認識していたとしても、表明保証違反に基づく責任追及は妨げられないと考えたほうが当該趣旨に沿うように思われる。しかしながら、過去の裁判例の中には、買主が、売主の表明保証違反について悪意・重過失である場合、売主に対して表明保証違反の責任を追及できない余地がある旨を判示したものがある[5]。

そのため、株式譲渡契約において、買主における売主の表明保証違反についての認識が、表明保証違反の責任に与える影響について明記する規定

5　東京地判平成18年1月17日判時1920号136頁

法令等との抵触の不存在	契約締結・履行の法令等との抵触の不存在
許認可等の取得	契約締結・履行に必要な許認可等の適法な取得等
倒産手続の不存在	倒産手続の開始の申立てやその開始原因の不存在
反社会的勢力	反社会的勢力等に該当しないこと
株式に対する権利	譲渡対象となる株式の適法かつ有効な保有・対抗要件の具備等

図表4-5:対象会社に関する表明保証

項目	概要
設立・存続	有効な設立および存続
倒産手続の不存在	倒産手続の開始の申立てやその開始原因の不存在
株式等	対象会社の発行可能株式総数、発行済株式総数、潜在株式の有無等
子会社・関連会社等	対象会社の子会社・関連会社の有無
計算書類	計算書類の内容の正確性等
法令等の遵守	対象会社の事業運営に必要な許認可等の適法な取得、法令違反の不存在等

を設ける場合がある。このような規定のうち、表明保証違反に関する買主の認識が売主の表明保証違反の責任に影響しない旨の条項を「プロ・サンドバッギング条項」といい、また表明保証違反に関して買主が認識している場合、売主の表明保証違反の責任追及が制限される旨の条項を「アンチ・サンドバッギング条項」という。

　プロ・サンドバッギング条項は買主に有利な規定、またアンチ・サンドバッギング条項は売主に有利な規定となるが、実際の規定内容は交渉によって決まり、両者の折衷的な内容が規定されることもある。

資産	対象会社の事業運営に必要な資産の適法かつ有効な所有、使用権限の保有、対抗要件の具備等
負債	保証債務やその他の簿外債務の不存在等
知的財産	対象会社の事業運営に必要な知的財産権の保有、使用権限の保有、侵害または被侵害の不存在等
契約等	対象会社の事業運営に必要な契約の有効性、執行可能性、債務不履行の不存在等
公租公課	適法な税務申告の実施、公租公課の未払いの不存在等
人事労務	労務関連法令への違反の不存在、未払賃金等の不存在、役職員等との間の労働紛争の不存在等
保険	対象会社の事業運営に必要な保険の付保、保険料の未払いの不存在等
訴訟等	訴訟、紛争、クレーム等の不存在
環境	環境法令の違反の不存在、環境汚染の不存在等
関連当事者取引	関連当事者取引の有無
反社会的勢力	反社会的勢力等に該当しないこと
情報開示	買主への情報開示の正確性等

(6) 誓約事項
①クロージング前の誓約事項

　誓約事項は、当事者の契約上の義務であり、一定の作為または不作為を約束するものである。

　株式譲渡契約における誓約事項は、大きく契約締結日からクロージングまでの誓約事項とクロージング後の誓約事項に区別される。

　クロージング前の誓約事項として規定される内容は事案ごとにさまざまであるが、主に以下の内容が規定されることになる。

　　①クロージングのために必要な手続の履践に関する事項
　　②対象会社の価値減少行為等の禁止に関する事項
　　③デューデリジェンス等により検出された、クロージングまでに改善すべき
　　　問題等への対応に関する事項

　上記①の規定としては、たとえば、譲渡対象となる対象会社の株式が譲渡制限株式である場合における、対象会社の定款上の譲渡承認機関による譲渡承認の取得や、M&Aについて規制当局への事前届出が必要な場合における買主の手続履践に関する事項等がある。

上記②の規定としては、譲渡価額の前提となっている対象会社の価値が、契約締結後クロージングまでの間に毀損しないようにするため、売主に対して、対象会社をして、契約締結日以前と実質的に同一で、かつ、通常の業務の範囲内において業務の遂行を行わせる義務を課す場合や、対象会社における重要な意思決定、非経常的な行為について、買主の承諾事項とし、買主の事前の承諾がなければこれを行うことができない旨の不作為の義務を売主に課す場合等がある。

　また、上記③の規定は、たとえば、対象会社が締結している重要な契約の中に、株式譲渡の実行について相手方による承諾の取得を要する旨の条項（いわゆるChange of Control条項）が規定されていることが判明した場合には、クロージングまでに、対象会社をして当該承諾を取得させる売主の義務等が規定されることになる。

②クロージング後の誓約事項

　クロージング後の誓約事項については、売主の誓約事項としては、対象会社の事業についての競業避止義務や、対象会社の役職員の引抜き・勧誘の禁止義務等が規定される場合がある。

　また、買主の誓約事項としては、対象会社の役職員の雇用および雇用条件の維持義務等が規定されることが少なくない。

(7) 補　償

　補償条項は、相手方当事者に表明保証違反や誓約事項への違反があった場合に、それにより被った当事者の損害の補償を定める規定である。

　株式譲渡契約における補償条項では、売主が無限定に補償請求を受けるリスクを避けるため、「補償請求の期限」と「補償金額の上限・下限」が規定され、補償請求に一定の制限を設ける例が少なくない。

　補償請求の期限は、売主がクロージング後も長期間にわたって補償請求を受けるリスクを避けるために設定されるが、その期間の長短は事案によってさまざまで、最終的には当事者間の交渉によって決まる。買主としては、クロージング後の対象会社の状態について、対象会社の決算の手続を通じて検証することが可能となる側面があることから、少なくとも、クロージング後の最初の対象会社の決算手続が完了するまでの期間は補償請求が可能となるような補償期限を設定した

いと考えるケースがある。

補償金額の制限としては、補償金額の上限・下限の定めがある。

補償金額の下限は、M&Aの規模に比して僅少な損害について、その都度、補償請求の対応を行うことが煩雑であることから、これを避けるために設定される。

補償金額の上限は、補償の最大額であり、いかなる水準が設定されるかは、M&Aの規模や譲渡価額の金額規模、当事者間の交渉力の差異等の個別事情によって決せられることになる。補償金額の上限は、譲渡価額の何パーセントといった形で、株式譲渡の譲渡価額を基準に設定されることが多い。

(8) 契約の解除

株式譲渡契約の解除条項においては、相手方当事者の表明保証や誓約事項の違反が解除事由として規定されることが一般的である。些末な違反で解除されることのないよう、解除事由は重要な点における違反に限定される場合も多くある。

また、株式譲渡が実行され、株式が買主に移転した後は、すでに対象会社の支配権が買主に移転し、買主の元で対象会社の運営がなされている以上、契約を解除して株式を売主に戻すことは実務的に容易ではなく、不経済でもあることから、株式譲渡契約の解除はクロージング前にのみ可能であり、クロージング後の解除は制限することが一般的である。

Column

通常補償と特別補償

表明保証に関しては、前述のとおり、株主譲渡契約の規定内容次第では、買主が表明保証違反の存在を認識していた場合、これにより被った損害の補償責任を追及することができない可能性がある。また、前述のとおり、補償請求については、「補償請求の期限」や「補償金額の上限・下限」によって制限が設けることが少なくない。

そのため、株式譲渡契約においては、表明保証違反の場合の通常の補償

(9) その他の一般条項

その他、株式譲渡契約においては、秘密保持、契約上の地位および契約に基づく権利義務等の譲渡禁止、通知先や方法等に関する条項、準拠法、裁判管轄等の一般条項が規定される。

3 デューデリジェンスで発見された事項への対応

(1) DDでの発見事項への対応の必要性

買主においては、M&A契約の内容を検討するにあたり、DDで発見された事項への対処方法をどのように盛り込むかが重要なポイントとなる。

DDで発見したリスクへの対処をM&A契約に適切に盛り込むことができない場合、M&A実行前に当該リスクが顕在化しても、特段の対処ができないままM&Aの実行を余儀なくされ、またM&A実行後にリスクが顕在化した場合にも、売主への補償請求等のリスクヘッジができない可能性がある。

(2) 対応方法の分類

株式譲渡を例にとると、M&A契約におけるDDでの発見事項への主な対応方法は、下表のとおり整理することができる。

条項とは別に、デューデリジェンス等を通じて買主が契約締結時点ですでに認識している事項について、それが顕在化した場合に買主に生じる損害を売主が補償する旨の特別の補償条項を規定することがある（これを一般的に「特別補償」という）。

特別補償には、通常補償の制限が適用されないこととする場合や、通常補償の制限とは異なる制限を設けることが多くある。

図表4-6：株式譲渡におけるDDでの発見事項への主な対応方法

対応方法の分類	内容	具体例
①契約締結せず（中止）	株式譲渡契約を締結せず、M&Aを中止する。	対象会社が反社会的勢力と密接な関係を有することが判明した場合に、M&Aの検討を中止する。
②ストラクチャー変更	M&Aのストラクチャーを変更する。	対象会社の一部の事業に治癒が困難な重大な法令違反が発見された場合に、当該事業を会社分割等で対象会社から切り出したうえで、対象会社の株式を譲り受ける。
③譲渡価額への反映	リスクが顕在化した場合に生じる損害額を譲渡価額から減額する。	対象会社が損害賠償請求を受ける訴訟の被告になっており、敗訴の可能性が高い場合に、当該請求額を譲渡価額から控除する。
④買主のクロージングの前提条件	リスクが治癒・解消されることを、買主のクロージングの前提条件とする。	対象会社の重要な契約にChange of Control条項が存在する場合、相手方からの同意取得を買主のクロージングの前提条件として規定する。
⑤売主の表明保証または特別補償	リスクの不存在を売主に表明保証させ、またはリスクが顕在化した場合の買主の損害を売主が補償する旨の特別補償条項を規定する。	対象会社の工場における土壌汚染の不存在を売主に表明保証させ、または土壌汚染が存在し、買主が損害を被った場合に、売主がこれを補償する旨の特別補償条項を定める。
⑥売主のクロージング前の誓約事項	クロージング前にリスクを治癒・解消することを売主の誓約事項として規定する。	対象会社が一部の事業場において就業規則を作成していない場合に、クロージング前の作成を売主に義務づける。
⑦売主のクロージング後の誓約事項[6]	クロージング後にリスクを治癒・解消することを売主の誓約事項として規定する。	対象会社が重要な取引先との間で契約書を締結していない場合に、クロージング後に契約書を締結させることを売主に義務づける。

（3）DDで発見されるリスクの分類

DDでの発見事項について、M&A契約でどのような対応を行うかは、発見されたリスクの分類に応じて検討する必要がある。

DDで発見されるリスクは、以下のような視点で分類することが可能である。

①治癒・解消の難易度
 a．治癒・解消が容易

6　対象会社による発行済株式の全部の譲渡の場合、売主はクロージング後の経営には関与せず、リスクを治癒・解消させることはできないことが通常であるため、売主のクロージング後の誓約事項として規定する意味があるのは、株式の一部譲渡の場合等、売主がクロージング後も対象会社の経営に関与する場合に限られるのが通常である。

ｂ．治癒・解消が困難
②売主によるコントロールの可否
　　ａ．売主だけで治癒・解消できる
　　ｂ．売主だけで治癒・解消できない
③金銭的評価の可否
　　ａ．リスクの金銭的評価が可能
　　ｂ．リスクの金銭的評価が困難

　上表①について、DDでの発見事項が治癒・解消が容易なリスクの場合には、当該治癒・解消を買主のクロージングの前提条件や売主のクロージング前の誓約事項として規定することが可能となる。他方、治癒・解消が困難なリスクの場合には、重大なリスクであれば契約を締結しないことやスキーム変更を検討し、金銭的な補填が受けられれば受入れ可能なリスクであれば譲渡価額への反映や売主の表明保証・特別補償で対応することが考えられる。

　上表②については、売主だけで治癒・解消できるリスクであれば、売主のクロージング前やクロージング後の誓約事項として規定することについて売主として受け入れやすいといえる。他方、たとえば、契約の相手方からの承諾の取得や規制当局からの承認の取得等、売主だけではコントロールが困難な事項については誓約事項として規定することについて売主が応諾しないケースが多く、その場合、誓約事項においては努力義務としつつ、当該取得等が実現したことを買主のクロージングの前提条件として規定することが考えられる。

　最後に、上表③について、金額を合理的に試算可能な未払賃金債務等、金銭的評価が可能なリスクについては譲渡価額への反映等の対応方法を検討することが可能となる。他方、金銭的評価が困難なリスクについては譲渡価額に織り込むことはできず、他の対応方法を検討する必要がある。

第 5 章
M&Aに関する法規制

1 M&Aに適用される法律

　M&Aにはさまざまな法律が関連する。会社法や金融商品取引法のほか、労働者の承継については労働関連の法律が適用される。また、法律ではないが、M&Aの当事者が上場会社の場合、金融商品取引所の規則が適用されることになる。さらに、M&Aの実行について、独占禁止法や外為法に基づく手続が必要となる可能性もある。

　M&Aに適用される法律はストラクチャーによって異なるため、ストラクチャーを検討するにあたっては適用される法律を理解しておく必要がある。また、適用される法律によってM&Aの実行を完了するために必要となる期間も異なってくるため、これらの法律はM&Aのスケジュールにも影響する。

　次節では、M&Aに適用される代表的な法律について、その概要を紹介する。

2 個別の適用法令

（1）会社法
①株式譲渡に適用される規制
株主総会決議

　株式譲渡の実行に際しては、株主総会決議は原則として不要である。

　もっとも、子会社の株式譲渡のうち、以下の要件をいずれも満たすものについては事業譲渡と同様の規制が課され、譲渡会社（親会社）において例外的に株主総会の特別決議が必要となるため[7]、注意を要する。

　　①譲渡する株式の帳簿価額が譲渡会社の総資産額の5分の1超であって、
　　②当該株式譲渡により、譲渡会社が当該子会社の議決権の過半数を保有しないこととなる場合

　株式譲渡が必要となる場合、譲渡会社は、③において後述する事業の全部または重要な一部の譲渡の場合の譲渡人と同様の規制に服することとなる。

---

[7]　会社法467条1項2号の2

株式譲渡制限

非公開会社の場合、譲渡対象となる株式について、定款上、譲渡にあたって当該株式会社の承認を要する旨が定められている可能性が高く、この場合には、株式譲渡について、当該株式会社の株主総会（取締役会設置会社にあっては、取締役会）の決議による承認を受ける必要がある[8]。

そのため、株式譲渡契約において、当該譲渡承認決議の実施を、買主のクロージングの前提条件や、売主のクロージング前の誓約事項として規定することが通常である。

株式譲渡の実行手続

株式譲渡は、株券不発行会社の場合には当事者間の合意のみによって成立させることが可能であるが、株券発行会社の場合には株券の交付が効力発生要件となる[9]。

なお、上場会社の場合には株式振替制度が存在し、その株式は振替株式であるため、譲渡の効力は譲渡人による振替の申請により譲受人の振替口座の保有欄に増加の記載・記録がなされることによって生じる[10]。

株式譲渡契約においては、クロージングの手続として、上記の株式譲渡の効力を発生させるための行為を規定することになる。

②募集株式の発行等に適用される規制

非公開会社が募集株式の発行等を行う場合、株主総会決議が必要となる[11]。

他方、公開会社の場合には原則として株主総会決議は不要であり、取締役会決議のみで募集株式の発行等が可能である[12]。もっとも、払込金額が引受人にとって特に有利な金額である場合（有利発行に該当する場合）には、公開会社においても株主総会決議が必要となる。

「特に有利な金額」に該当するかどうかの基準は、会社法にも定められていない。上場会社の場合には市場株価を1つの基準としてその該当性を判断することができるが、市場株価が存在しない非上場会社の場合には該当性の判断が難しい

---

8 会社法139条1項
9 会社法128条1項
10 社債、株式等の振替に関する法律140条
11 会社法199条2項
12 会社法201条1項

場合もある。

③組織再編行為等に適用される規制
概　要

合併、会社分割、株式交換、株式移転および株式交付（以下「組織再編行為」という）、ならびに事業譲渡および株式譲渡のうち一定の要件を満たすもの（組織再編行為と合わせて、以下「組織再編行為等」という）を実行するためには、会社法が定める一定の手続を行う必要がある。

株主総会決議

組織再編行為を行うためには、原則として、吸収合併存続会社、吸収合併消滅会社、新設合併消滅会社、吸収分割会社、吸収分割承継会社、新設分割会社、株式交換完全親会社、株式交換完全子会社、株式移転完全子会社および株式交付親会社において、それぞれ株主総会の特別決議によって組織再編行為の契約または計画の承認を受ける必要がある[13]。

また、事業譲渡の場合、事業の全部または重要な一部の譲渡をする会社、および事業の全部を譲り受ける会社において、原則として株主総会の特別決議によって事業譲渡契約の承認を受ける必要がある[14]。ここで、事業の重要な一部とは、譲渡により譲り渡す資産の帳簿価額が当該株式会社の総資産額の5分の1を超える場合をいう。

さらに、①で前述したとおり、重要な子会社の株式を譲渡する会社でも、株式譲渡契約について、株主総会の特別決議による承認を受ける必要がある。

もっとも、組織再編行為等が下表の要件を充足する場合には、いわゆる「簡易組織再編行為等」に該当し、株主総会決議は不要となる[15]。

また、組織再編行為等のうち、吸収合併、吸収分割、株式交換、事業の全部または重要な一部の譲渡、事業の全部の譲受および重要な子会社の譲渡については、一方当事者が他方当事者の議決権の10分の9以上を保有している場合（このような場合の当該一方当事者を特別支配会社という）には、いわゆる「略式組織再編行為等」に該当し、被支配会社における株主総会決議が原則として不要となる[16]。

13　会社法783条1項等
14　会社法467条1項
15　会社法796条2項等
16　会社法468条1項等

図表5-1:簡易組織再編行為等の要件

類型	簡易組織再編行為等の要件	
吸収合併	吸収合併存続会社	吸収合併消滅会社
	吸収合併消滅会社の株主等に交付する対価の額が、吸収合併存続会社の純資産額の5分の1を超えない場合(※)	―
新設合併	―	
吸収分割	吸収分割承継会社	吸収分割会社
	吸収分割会社に交付する対価の額が、吸収分割承継会社の純資産額の5分の1を超えない場合(※)	吸収分割により吸収分割承継会社に承継させる資産の帳簿価額の合計額が、吸収分割会社の総資産額の5分の1を超えない場合
新設分割	新設分割会社	
	新設分割により新設分割設立会社に承継させる資産の帳簿価額の合計額が、新設分割会社の総資産額の5分の1を超えない場合	―
株式交換	株式交換完全親会社	株式交換完全子会社
	株式交換完全子会社の株主等に交付する対価の額が、株式交換完全親会社の純資産額の5分の1を超えない場合(※)	―
株式移転	―	
株式交付	株式交付親会社	
	株式交付子会社の株式等の譲渡人に交付する対価の額が、株式交付親会社の純資産額の5分の1を超えない場合(※)	―
事業譲渡	事業の全部の譲受会社	事業の譲渡会社
	事業の譲渡会社に交付する対価の額が、譲受会社の純資産額の5分の1を超えない場合(※)	―
重要な子会社株式の譲渡	―	

(※) 以下の場合には、株主総会決議が必要となる。
　①吸収合併存続会社、吸収分割承継会社、株式交換完全親会社および株式交付親会社(以下「存続株式会社等」という)において差損が生じる場合
　②存続株式会社等が交付する対価の全部または一部が譲渡制限株式であって、存続株式会社等が非公開会社である場合(株式交付については、株式交付親会社が非公開会社である場合)
　③議決権の6分の1超を有する株主が組織再編行為等に反対する旨を通知した場合

実務上は、上場会社等の株主が多数いる会社の場合には、株主総会決議による承認を得るための手続的負担が大きいため、簡易組織再編行為等または略式組織再編行為等に該当し、株主総会決議が必要になるかどうかは、ストラクチャーの選択やM&Aのスケジュールに影響を及ぼすことになる。

反対株主の株式買取請求権

組織再編行為等を行う場合、これに反対する株主には、組織再編行為等を行う会社に対して、自らが保有する株式を公正な価格で買い取るよう請求する権利が認められている[17]。この権利を反対株主の株式買取請求権と呼んでいる。

もっとも、簡易組織再編行為等に該当する場合のその当事者の株主、および略式組織再編行為等に該当する場合のその当事者の特別支配会社は、反対株主の株式買取請求権を行使することはできない。

組織再編行為等を行う会社は、株主に対して株式買取請求権を行使する機会を与えるため、効力発生日の20日前までに、組織再編行為等を行う旨を株主に対して通知し、または公告する必要がある[18]。

反対株主の株式買取請求権が行使された場合、組織再編行為等の当事者からキャッシュの流出が生じるほか、「公正な価格」の具体的な金額をめぐって裁判手続にいたる可能性があるため、株式買取請求権を行使する可能性がある株主がいる場合には、ストラクチャーの検討にあたって留意が必要となる。

債権者保護手続

組織再編行為等のうち、事業譲渡および重要な子会社株式の譲渡以外の場合には、一定の要件を満たす債権者が異議を述べることが可能である[19] [20]。

異議を述べることができる債権者がいる場合、当該異議の機会を確保するため、組織再編行為を行う当事者は、組織再編行為を実施する旨および債権者が一定の期間内（1ヵ月以上）に異議を述べることができる旨などの一定の事項を、官報に公告し、かつ、知れている債権者に個別に催告する必要がある[21]。もっとも、定款に定める公告方法が日刊新聞紙または電子公告である場合には、官報と当該

17　会社法469条1項等
18　会社法469条3項等
19　会社法789条1項等
20　事業譲渡の場合には、債務を移転するためには債権者の個別の同意が必要となるため、債権者保護手続は不要である。
21　会社法789条1項等

図表5-2：異議を述べることができる債権者

類型	異議を述べることができる債権者	
吸収合併	吸収合併存続会社	吸収合併消滅会社
	すべての債権者	すべての債権者
新設合併	新設合併消滅会社	―
	すべての債権者	
吸収分割	吸収分割承継会社	吸収分割会社
	すべての債権者	吸収分割後、吸収分割会社に対して債務の履行を請求することができない債権者（人的分割の場合にはすべての債権者）
新設分割	新設分割会社	―
	新設分割後、新設分割会社に対して債務の履行を請求することができない債権者（人的分割の場合にはすべての債権者）	
株式交換	株式交換完全親会社	株式交換完全子会社
	対価に株式交換完全親会社の株式以外が含まれる場合には、すべての債権者	株式交換契約新株予約権が新株予約権付社債に付された新株予約権である場合における、その社債権者
株式移転	株式移転完全子会社	―
	株式移転計画新株予約権が新株予約権付社債に付された新株予約権である場合における、その社債権者	
株式交付	株式交付親会社	―
	対価に株式交付親会社の株式以外が含まれる場合には、すべての債権者	

日刊新聞紙または電子公告とで二重に公告することにより、個別の催告を省略することができる[22]。

このように、債権者保護手続が必要な場合には、組織再編行為の効力発生日の1ヵ月以上前までに公告や個別催告を行う必要があるため、スケジュールに影響を及ぼす。

22　会社法789条3項等

(2) 金融商品取引法
①公開買付規制

「公開買付け」とは、不特定かつ多数の者に対し、公告により株券等の買付け等の申込みまたは売付け等の申込みの勧誘を行い、取引所金融商品市場外で株券等の買付け等を行うことをいう[23]。

金融商品取引法上、公開買付けの実施が義務づけられる主な場合は、以下の要件に該当する場合である[24]。

図表 5-3：公開買付けの実施が義務づけられる場合

対象となる有価証券
上場会社等の有価証券報告書の提出義務を負う会社等の株券等
対象となる行為
買付け等（買付けその他の有償の譲受けをいう）であって、以下のいずれかに該当するもの[25] ①市場外における買付け等で、当該買付け等後の株券等所有割合が5％を超える場合（60日間で10名以下の者から買付け等を行う場合を除く。）（5％基準） ②市場外における買付け等で、当該買付け等後の株券等所有割合が3分の1を超える場合（3分の1ルール） ③ToSTNeT取引等による買付け等で、当該買付け等後の株券等所有割合が3分の1を超える場合 ④3ヵ月以内の期間において、市場外取引やToSTNeT取引等と、市場内取引や新規発行取得等との組み合わせにより、取得後の株券等所有割合が3分の1を超える場合（急速な

---

23 金融商品取引法27条の2第6項
24 これらの要件を満たす場合でも、適用除外規定に該当し、公開買付けが不要となる場合がある。
25 金融商品取引法27条の2第1項

Column
個別催告の省略

会社法上、個別催告が必要な「知れている債権者」の範囲について、金額などによる限定がなされておらず、少額の債権者であっても個別催告の対象になることから、債権者が多数存在する場合には、個別催告の実務的な負担が大きくなる。

> 買付け）
> ⑤他社の公開買付期間中に、株券等所有割合が3分の1を超える者が、5％を超える株券などの買付け等を行う場合

　公開買付けが必要となる場合には、公開買付開始公告を行い、公開買付届出書を提出して、最短で20営業日の公開買付期間を設定しなければならないなど、一定の手続と期間が必要となり、また費用もかかる[26]。
　そのため、上場会社の株式の取得を検討する場合には、公開買付けが義務づけられる場合に該当するかどうかの確認・検討が必須となる。

②募集または売出しに関する規制

　有価証券の募集または売出しであって、一定の要件を満たすものについては、有価証券届出書を提出し、その届出の効力が生じた後でなければ行うことができない[27]。
　上場会社が第三者割当の方法により募集株式の発行等を行う場合で、発行価額の総額が1億円以上の場合、原則として上記に該当するため、有価証券届出書の提出が必要となる。有価証券届出書による届出は、原則として、受理日から15日を経過しなければその効力が生じないため[28]、スケジュールの検討に際して留

26　金融商品取引法27条の2等
27　金融商品取引法4条1項、5条1項
28　金融商品取引法8条1項

　そのため、実務では、公告方法が官報の会社は、個別催告を省略する目的で、債権者保護手続を開始する直前に、公告方法を日刊新聞紙または電子公告に変更する定款変更を行い、定款所定の公告方法と官報とで二重に公告することで、個別催告を省略する手法がとられることが多くある。

意が必要である。

③インサイダー取引規制

インサイダー取引規制は、①上場会社等の役員等の会社関係者が、②上場会社等の重要事実を知った場合、③その公表がなされる前に、④当該上場会社等の株式等の売買等を行うことを禁止するものである[29]。

　①対象者：上場会社等の役員等の会社関係者
　②禁止される場合：上場会社等の重要事実を知った場合
　③禁止される時期：重要事実の公表前
　④禁止される行為：上場会社等の株式等の売買等

また、会社関係者であって、重要事実を知った者が、他人に対し、その公表前に株式等の売買等をさせることにより、当該他人に利益を得させ、または当該他人の損失の発生を回避させる目的をもって、重要事実を伝達し、または当該売買等をすることを勧める、情報伝達行為および取引推奨行為も禁止されている[30]。

M&Aの当事者が上場会社である場合、当該M&Aが重要事実に該当する可能性があるため、社内の会社関係者等によってインサイダー取引が行われないよう、厳格な情報管理が必要となる。

また、上場会社の株式を売買等しようとする場合には、当該上場会社の未公表の重要事実を知ってしまうと、売買等を実施することができない。このような場合には、事前に重要事実を公表させることや、知る者同士の市場外における取引（いわゆるクロクロ取引）[31]などの、インサイダー取引規制の適用除外となる取引を利用することなどを検討することが考えられる。

④開示規制

臨時報告書

上場会社などの有価証券報告書の提出義務を負う会社は、一定の重要な事項の決定等を行った場合には、遅滞なく臨時報告書を提出する必要がある[32]。

M&Aの決定は臨時報告書の提出事由に該当する場合があるため、後述する金

29　金融商品取引法166条1項
30　金融商品取引法167条の2第1項
31　金融商品取引法166条6項7号
32　金融商品取引法24条の5第4項

融商品取引所規則に基づく適時開示だけでなく、臨時報告書の提出が必要とならないかも確認する必要がある。

大量保有報告書

　上場会社等の株券等の保有者で、株券等保有割合が5％を超える者は、超えた日から5営業日以内に大量保有報告書を提出しなければならない[33]。

　また、大量保有報告書を提出すべき者は、株券等保有割合が1％以上増減した場合、その他の大量保有報告書に記載すべき重要な事項の変更が生じた場合には、5営業日以内に変更報告書を提出する必要がある[34]。

　そのため、M&Aにおいて上場会社の株式等を5％を超えて取得する場合や、その後に追加取得または売却等を行う場合には、大量保有報告書や変更報告書の提出が必要となる点に注意を要する。

(3) 金融商品取引所の規則
①第三者割当に対する規制

　東京証券取引所の規則上、上場会社が第三者割当を行う場合で、希薄化率が25％以上となる場合や、支配株主の異動が生じる場合には、一定の措置を講じることが義務づけられている[35]。

図表5-4：措置の実施が義務づけられる場合と措置の内容

措置の実施が義務づけられる場合	①希薄化率が25％以上となる場合 ②支配株主の異動が生じる場合
措置の内容	(i)経営者から一定程度独立した者による割当ての必要性および相当性に関する意見の入手 (ii)割当てに係る株主総会決議などによる株主の意思確認

　「経営者から一定程度独立した者」とは、社外役員や特別委員会がこれに該当する。

　上記の要件に該当する第三者割当による募集株式の発行等を行う場合には、いずれの措置を実施するかを検討し、当該実施に要する期間をスケジュールに織り

33　金融商品取引法27条の23第1項
34　金融商品取引法27条の25第1項
35　東京証券取引所有価証券上場規程432条

込む必要がある。

また、上記のほか、上場会社が、希薄化率が300％を超える第三者割当を行う場合には、一定の場合を除き、上場廃止基準に抵触するとされていることにも留意が必要である[36]。

②適時開示

上場会社やその子会社等において、一定の重要事項の決定がなされ、または発生した場合などには、金融商品取引所の規則に基づく適時開示が必要となる[37]。

M&Aの決定は、適時開示が義務づけられる事由に該当する場合が多くあるため、要否の確認が必要となる。

(4) 労働契約承継法

会社分割の場合、承継対象となる労働者との労働契約は、労働者本人の同意を要さずに、承継会社に承継されることになる。しかしながら、労働者に生じる不利益を回避するために、分割会社においては、労働契約承継法に定める手続を実施する必要がある。

具体的には、労働契約承継法上、分割会社は、一定の期限までに、以下の労働者に対して、労働契約の承継の有無などの事項を通知する必要がある[38]。

図表5-5：通知の対象となる労働者

通知の対象となる労働者
①承継対象事業に主として従事する労働者
②①以外の労働者であって、吸収分割契約または新設分割計画（以下「分割契約等」という）に承継対象となる旨の記載がある者

また、以下の労働者は、自らの労働契約の不承継または承継に対して、異議を述べることができる[39]。

---

36 東京証券取引所有価証券上場規程601条1項15号
37 東京証券取引所有価証券上場規程402条等
38 労働契約承継法2条1項
39 労働契約承継法4条1項、5条1項

図表5-6:異議を述べることができる労働者

異議を述べることができる労働者
(i) 承継対象事業に主として従事する労働者であって、分割契約等に承継対象とする旨の定めがない者
(ii) 承継対象事業に主として従事していない労働者であって、分割契約等に承継対象とする旨の定めがある者

　上表(i)の労働者が異議を述べた場合には、分割契約等の定めにかかわらず、当該労働者は承継会社に承継され、また上表(ii)の労働者が異議を述べた場合には、分割契約等の定めに関わらず、当該労働者は承継会社に承継されないこととなる[40]。

　そのため、会社分割をストラクチャーとして選択した場合であっても、承継させたくない労働者の承継を余儀なくされる事態や、承継させたい労働者を承継させることができない事態が生じうることになり、留意が必要である。

　なお、分割会社が会社分割を実行する場合には、上記の労働者への通知のほか、①過半数組合または過半数代表者との協議[41]、②労働者との個別協議[42]、③労働組合への通知[43]も実施する必要がある。

(5) 独占禁止法
①独占禁止法が禁止する企業結合

　独占禁止法は、株式取得、合併、共同新設分割および吸収分割、共同株式移転、事業の譲受け等（以下「企業結合」という）のそれぞれについて、「一定の取引分野における競争を実質的に制限することとなる場合」に、これを禁止している[44]。

　「一定の取引分野」や「競争を実質的に制限する」の考え方については、公正取引委員会が公表している「企業結合審査に関する独占禁止法の運用指針」において示されているが、特に企業結合によって当事者の市場におけるシェアが高くなる場合には、独占禁止法上の問題が生じないかの検討が必要になり得る。

40　労働契約承継法4条4項、5条3項
41　労働契約承継法7条、同施行規則4条
42　平成12年商法等の一部を改正する法律附則5条1項
43　労働契約承継法2条2項
44　独占禁止法10条1項等

なお、後述する事前届出の対象外となる企業結合であっても、一定の取引分野における競争を実質的に制限する場合には、独占禁止法により禁止される。

②公正取引委員会への事前届出
　一定の企業結合を行おうとする会社には、公正取引委員会への事前の届出義務が課せられている[45]。たとえば、株式を取得する場合は、おおむね次の要件を充足する場合に届出義務が生じる。
　　①株式を取得しようとする会社および当該会社の属する企業結合集団に属する当該会社以外の会社等の国内売上合計額が200億円を超える場合
　　②株式発行会社およびその子会社の国内売上高の合計額が50億円を超える場合
　　③届出会社が属する企業結合集団の議決権保有割合があらたに20％または50％を超えることとなる場合
　公正取引委員会への事前届出を行った場合、届出受理の日から30日を経過するまでは、企業結合を行うことができない[46]。

　また、実務上は、特に独占禁止法上の問題が生じる懸念がある場合には、いきなり公正取引委員会への事前届出を実施するのではなく、届出前に公正取引委員

Column　ガン・ジャンピング

　ガン・ジャンピングとは、M&Aの当事者が、競争法に基づく事前手続が完了する前に、価格や販売数量などの競争法上取扱いに留意すべき情報（機微情報と呼ばれる。）の交換などを通じて、M&Aの完了を前提とした行為を実施することで、競争法に違反することをいう。
　ガン・ジャンピングが特に問題となるのは、M&Aの当事者が競合する事業を行っており、当事者間で機微情報を交換した場合に、カルテルなど

---

[45]　独占禁止法10条2項等
[46]　独占禁止法10条8項等

会への事前相談を実施することが通常である。

そのため、公正取引委員会への事前届出が義務づけられる企業結合を実施する場合には、公正取引委員会への事前相談に要する期間や、届出後の待機期間をスケジュールに織り込んでおく必要がある。

③海外における企業結合規制

海外においても、多くの国で企業結合を規制する競争法が存在し、競争に悪影響を及ぼす企業結合を禁止しているほか、一定の企業結合について、競争当局への事前届出や承認取得などの手続を課している。

とくに、一部の国では、当該国において対象会社の売上が存在しない場合であっても、売主および買主などの当事者会社の売上が当該国において存在する場合に、事前届出などの手続が必要となる点に留意が必要である。

海外において競争当局への事前届出が必要となる場合、承認が得られるまでに長期間を要する場合があるため、スケジュールへの影響が大きくなる。

の独占禁止法に違反する行為につながる可能性がある場合である。

そのようなM&Aにおいては、ガン・ジャンピングの問題が生じることを回避するため、DDその他の場面において、機微情報が（特に営業担当者などに）開示されないようにするなど、情報開示・情報交換のルールを事前に定め、それに従ってデュー・ディリジェンスなどのM&Aのプロセスを進めていくことが一般的である。

(6) 外国為替及び外国貿易法（外為法）
①事前届出

外為法は、外国投資家が、指定業種を営む発行会社に対して、対内直接投資等を行う場合などに、事前の届出を義務づけている[47]。

外国投資家に該当するものは下表のとおりであり、国内の法人や組合であっても、下表③〜⑤のいずれかにあたり、外国投資家に該当する可能性があることに注意を要する。

図表5-7：外国投資家に該当する者[48]

①非居住者である個人
②外国法令に基づいて設立された法人等または外国に主たる事務所を有する法人等
③①または②の者による直接または間接の議決権の保有割合が50％を超える会社
④非居住者等からの出資が出資金額の50％を超える組合または非居住者等が業務執行組合員等の過半数である組合
⑤非居住者である個人が役員または代表権限を有する役員の過半数を占める法人等

また、指定業種には、武器、航空機、原子力、電気・ガス、通信事業、放送事業のほか、ソフトウェア業、情報処理・提供サービス業、インターネット附随サービス等が含まれており、発行会社が営む業種が指定業種に該当するケースは決して少なくない。

対内直接投資等には、たとえば、①上場会社等の1％以上の株式の取得、②非上場会社の株式の取得のほか、③外国投資家自らまたはその関係者が、国内の会社の取締役または監査役に就任する議案への同意等が含まれる[49]。そのため、外国投資家が指定業種を営む発行会社の株式を取得する場合だけでなく、そのような発行会社に取締役または監査役を派遣する場合にも、外為法に基づく事前届出が必要となる。

外為法に基づく事前届出を行った場合、届出受理の日から30日を経過するまでは、対内直接投資等を行うことができない[50]。そのため、当該待機期間や届出のための準備期間を考慮したスケジュールを設定する必要がある。

47　外為法27条1項
48　外為法26条1項
49　外為法26条2項
50　外為法27条2項

②海外における外資規制

　海外においても、外資による自国への投資を規制する外資規制を定めている国が多くある。特に近年は、主として安全保障目的で各国が外資規制に基づく審査を厳格化しており、長期間の審査が必要となるケースがあるため、留意を要する。

　たとえば、米国では、対米外国投資委員会（CFIUS）が対内直接投資の審査を行ってきたが、2018年外国投資リスク審査現代化法（FIRRMA）により、届出義務の新設、審査対象案件の拡大等が行われている。英国では、2021年国家安全保障・投資法により、届出義務が新設されている。

◇編著者紹介◇

十市 崇（といち たかし）

TMI総合法律事務所　パートナー弁護士（日本・NY州）

　国際法曹協会（IBA）Corporate and M&A Law Committee Officer、米国法曹協会（ABA）Section of International Law, Co-Chair, International M&A Joint Venture Committeeなどの著名な国際団体におけるM&A関連の委員会の役員を歴任。

　事業会社の国内・インバウンド・アウトバウンドの各種M&A案件及びプライベート・エクイティ関連の業務を専門とし、製造業、テクノロジーセクターなどの幅広い業界の各種M&A関連の案件を長年にわたって取扱う。

　各種トランザクション対応に加え、会社法、ガバナンス対応、不正調査などを含む危機関連案件など、企業法務全般を幅広く取扱っている。

工藤 竜之進（くどう りゅうのしん）

TMI総合法律事務所　パートナー弁護士

　国内上場会社の法務部門への出向や大手証券会社の引受審査部門への駐在により得た知見を活かして、事業会社やプライベート・エクイティ・ファンドによる各種M&A案件や、ベンチャー・キャピタルによる投資案件、ベンチャー企業による資金調達・IPO支援に弁護士として多数関与。

　会社法や金融商品取引法を含むコーポレート案件全般を取扱う。

◇著者紹介◇

塚本 渉（つかもと わたる）

TMI総合法律事務所　弁護士

柴田 俊作（しばた しゅんさく）

TMI総合法律事務所　弁護士

戸口 拓也（とぐち たくや）

TMI総合法律事務所　弁護士

林 竜希（はやし たつき）

TMI総合法律事務所　弁護士

那須 翔（なす しょう）

TMI総合法律事務所　弁護士

M&A Booklet
法務初任者のためのM&A入門
2024年9月20日　第1版第1刷発行

編著者	十 市　　　　崇
	工 藤　竜 之 進
発行者	山　本　　　継
発行所	㈱中 央 経 済 社
発売元	㈱中央経済グループ パブリッシング

〒101-0051　東京都千代田区神田神保町1-35
電話　03(3293)3371(編集代表)
　　　03(3293)3381(営業代表)
https://www.chuokeizai.co.jp
印刷・製本　文唱堂印刷㈱

Ⓒ 2024
Printed in Japan

＊頁の「欠落」や「順序違い」などがありましたらお取り替えいたしますので発売元までご送付ください。(送料小社負担)
ISBN978-4-502-51341-1　C3034

JCOPY〈出版者著作権管理機構委託出版物〉本書を無断で複写複製（コピー）することは，著作権法上の例外を除き，禁じられています。本書をコピーされる場合は事前に出版者著作権管理機構（JCOPY）の許諾を受けてください。
JCOPY〈https://www.jcopy.or.jp　eメール：info@jcopy.or.jp〉

M&A Booklet

「M&Aの世界を旅する」をテーマに、M&Aにまつわるさまざまな知識、技法、トピックなどを幅広く取り上げます。

プロフェッショナル財務モデリング
―入門と実践―

中尾 宏規 著

学生、新社会人、M&Aやプロジェクトファイナンスで新しく財務モデリングに取り組む企業の担当者、その他財務モデリングに興味のある方々を対象に、財務モデリングとその周辺領域、実務の現場で使用されているExcelショートカットや関数などの幅広い内容をプロフェッショナルに学びます。

「PBR 1倍割れ」の基礎知識
M&Aによる価値向上への処方箋

守山 啓輔 著

企業価値を測定する指標のひとつである「PBR」がにわかに注目されています。昨今耳目を集める「PBR 1倍割れ問題」をふまえ、本書では企業が株式市場における企業価値を中長期的に向上させるためのアクションを考え、その実現手段としてM&Aやスピンオフの有効性を解説します。

中央経済社